CIVIL WAR II

SOMMAIRE

CIVIL WAR II

BRIAN MICHAEL BENDIS
SCÉNARIO

OLIVIER COIPEL
(ép. 0 et 3)
JIM CHEUNG
(*FCBD: Civil War II*)
DAVID MARQUEZ
(ép. 1 à 8)
SEAN IZAAKSE (ép. 5)
ANDREA SORRENTINO
(ép. 7)
ADAM KUBERT (ép. 8)
LEINIL FRANCIS YU (ép. 8)
DANIEL ACUÑA (ép. 8)
ALAN DAVIS (ép. 8)
MARCO RUDY (ép. 8)
MARK BAGLEY (ép. 8)
ESAD RIBIĆ (ép. 8)
DESSIN

OLIVIER COIPEL (ép. 0 et 3)
DAVID MARQUEZ (ép. 1 à 8)
SEAN IZAAKSE (ép. 5)
ANDREA SORRENTINO
(ép. 7)
ADAM KUBERT (ép. 8)
LEINIL FRANCIS YU (ép. 8)
DANIEL ACUÑA (ép. 8)
MARK FARMER (ép. 8)
MARCO RUDY (ép. 8)
JOHN DELL
(ép. 8 et *FCBD: Civil War II*)
ESAD RIBIĆ (ép. 8)
ENCRAGE

JUSTIN PONSOR (ép. 0 à 8
et *FCBD: Civil War II*)
MARCELO MAIOLO (ép. 7)
DANIEL ACUÑA (ép. 8)
MARCO RUDY (ép. 8)
COULEURS

JÉRÉMY MANESSE
TRADUCTION

CHRISTOPHE SEMAL
FRANCESCA SALVATORI
LETTRAGE

WIL MOSS
TOM BREVOORT
C.B. CEBULSKI
RÉDACTION USA

Pour l'édition française : Panini France S.A. - Nice La Plaine, Bât. C2
Avenue Emmanuel Pontremoli, 06200 Nice.
ISBN : 979-10-391-2249-8
Dépôt légal : **janvier 2024**
Achevé d'imprimer en **Italie** en **décembre 2023** par **Lito Terrazzi S.r.l.** - Prato.
Code produit : **FMAMH090**

www.panini.fr

INTRODUCTION

On a longtemps cru que la communauté des justiciers Marvel resterait toujours soudée, et ce malgré les désaccords de ses membres. Puis il y a eu *Civil War*. En 2006, la saga pilotée par **Mark Millar** et **Steve McNiven** bouleverse la Maison des Idées : toutes les séries sont impactées et tous les héros sont concernés. Cette fois, à la différence des nombreux drames qui ont déjà secoué la grande famille des surhumains, c'est la nature même de ses activités qui est remise en question. Lorsque la jeune équipe des **New Warriors** cherche à faire sa promotion en participant à une émission de téléréalité, elle transforme une intervention ordinaire en véritable catastrophe lors de laquelle des centaines de civils trouvent la mort, y compris des enfants. Le gouvernement américain décide alors de promulguer une loi pour recenser et encadrer tous les super-héros. Ceux-ci doivent désormais se déclarer auprès des autorités et révéler leur identité secrète. Ceux qui refusent de s'inscrire ou de stopper leurs activités sont dès lors considérés comme hors la loi et emprisonnés. Mais des exceptions existent. Les mutants, et notamment les **X-Men**, se tiennent à distance du conflit, la majorité d'entre eux étant déjà enregistrés depuis les événements de *House of M* et *Decimation*. Le reste de la communauté super-héroïque se fractionne entre besoin de sécurité et désir de liberté. Il y a d'un côté, les défenseurs de la loi menés par **Iron Man**, **Mr. Fantastic** et **Hank Pym** ; de l'autre, les rebelles sous la houlette de **Captain America**. Les désaccords dégénèrent et le débat philosophique se mue en une véritable guerre civile. Alors que les victimes collatérales se multiplient, Captain America décide finalement de se rendre avant d'être assassiné. Les héros demeurent divisés et endeuillés pendant des années. Après cela, une invasion secrète est déjouée, **Norman Osborn** a est détrôné, Captain America revient et la paix semble rétablie. Arrive alors le **Phénix**, une puissance cosmique sans limites. Lorsqu'il s'approche de la jeune **Hope Summers**, les tensions entre X-Men et **Avengers** s'exacerbent jusqu'au conflit. C'est de nouveau la guerre. Au terme d'un violent combat sans vainqueur, les deux équipes finissent par se réconcilier et un équilibre fragile est à nouveau restauré. Mais récemment, Attilan, capitale et refuge des **Inhumains**, a été détruite. Le drame a occasionné la libération de brumes tératogènes sur Terre, soit l'élément faisant émerger les pouvoirs des Inhumains. L'apparition d'un nouvel Inhumain aux pouvoirs de précognition va de nouveau mettre à mal le rêve d'unité… Pour célébrer les dix ans de l'une des sagas les plus révolutionnaires de l'univers Marvel, mais également la sortie au cinéma de l'excellent *Captain America: Civil War*, **Brian Michael Bendis** et **David Marquez**, le duo à l'origine d'*Invincible Iron Man* et *Miles Morales: Ultimate Spider-Man*, font replonger nos héros en plein conflit.

GUERRE CIVILE II (PROLOGUE)

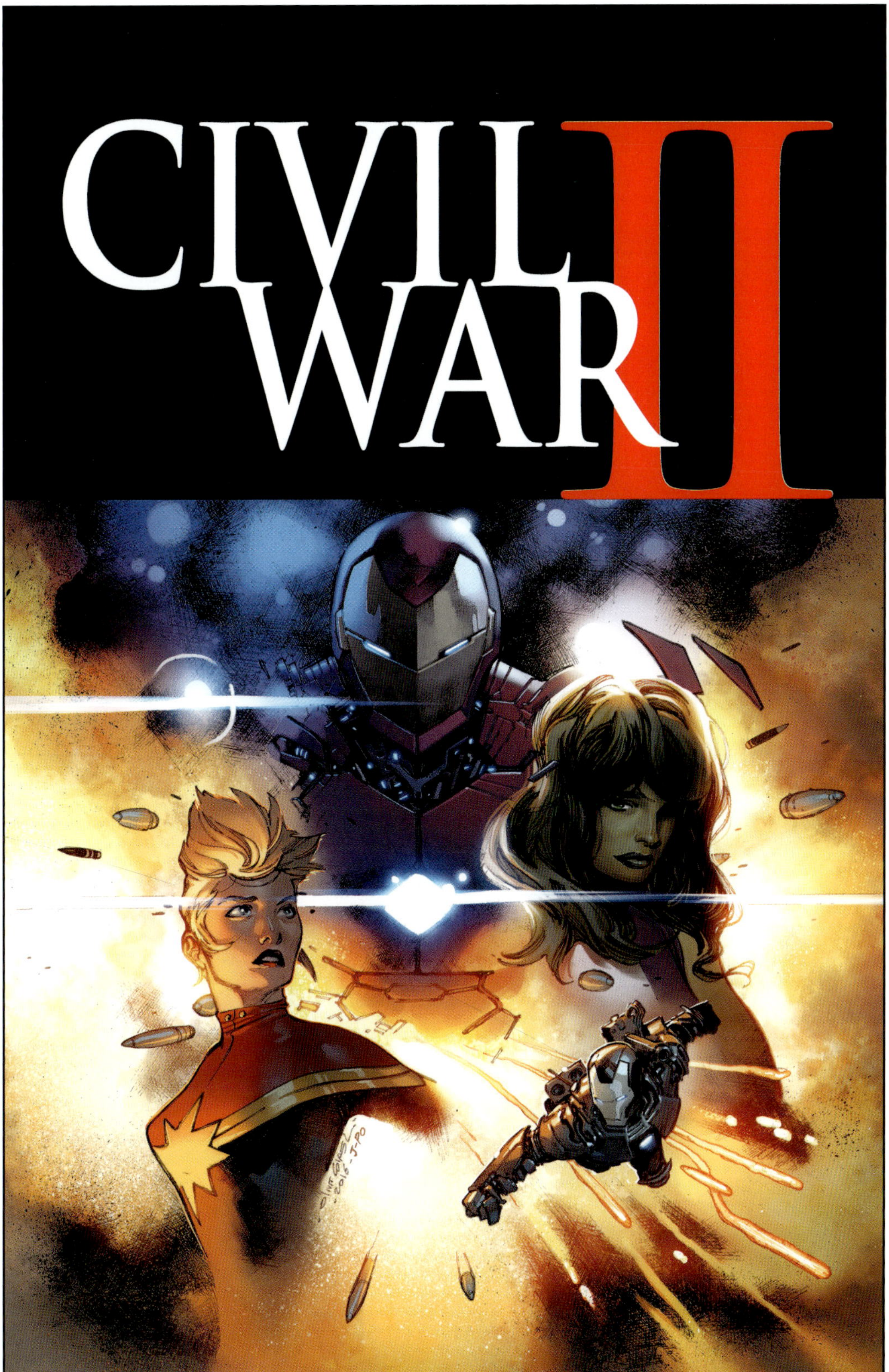

Civil War II (2016) 0
Couverture : **OLIVIER COIPEL**

TRIBUNAL DE NEW YORK.
MLLE WALTERS ?
VOS CONCLUSIONS ?
MERCI, VOTRE HONNEUR.
NOTRE MONDE EST FOU.
NOUS VIVONS DANS UN MONDE DE HÉROS COSTUMÉS, DE VILAINS COSTUMÉS, DE MUTANTS, D'INHUMAINS... CHAQUE JOUR, LA SCIENCE-FICTION DEVIENT UN PEU PLUS UNE RÉALITÉ.
ET CHAQUE JOUR, LA CORRUPTION ET L'ABSENCE DE SENS DES RESPONSABILITÉS NOUS PREND TOUS À LA GORGE.
MAIS C'EST DANS CES MOMENTS-LÀ QU'EN TANT QUE PEUPLE, NOUS NE DEVONS JAMAIS OUBLIER LES VALEURS QUE NOUS AVONS JURÉ DE DÉFENDRE.
MON CLIENT, JONATHAN POWERS, N'EST PAS COUPABLE.
IL N'A RIEN FAIT DE MAL.
OUI, IL A AUTREFOIS ÉTÉ UN CRIMINEL... ET D'UN GENRE FLAMBOYANT, DISONS-LE...
MAIS IL A PURGÉ SA PEINE, A PAYÉ SA DETTE À LA SOCIÉTÉ.
ET VOILÀ QUE LE PROCUREUR FÉDÉRAL VOUDRAIT QUE VOUS LE PUNISSIEZ... POUR DES CHOSES QU'IL N'A PAS COMMISES.
IL N'A RIEN VOLÉ, IL N'A MENACÉ PERSONNE.
LE PROCUREUR FÉDÉRAL VOUDRAIT QUE VOUS L'ENVOYIEZ EN PRISON POUR AVOIR PARLÉ.
IL "DISCUTAIT BOUTIQUE" AVEC D'ANCIENS COLLÈGUES, PENSAIT-IL.
MAIS JONATHAN POWERS A DÉCOUVERT, COMME NOUS L'A EXPLIQUÉ LE PROCUREUR, QU'IL PARLAIT EN FAIT À UN AGENT FÉDÉRAL INFILTRÉ ET À SON INDIC, QUI CHERCHAIENT DÉLIBÉRÉMENT À PIÉGER MON CLIENT.
IL A ÉTÉ...
... PIÉGÉ.
ET SI UN PIÈGE EST TENDU ET QU'IL N'ABOUTIT À RIEN...
... ALORS, QU'ARRIVE-T-IL ?

EH BIEN, ILS DOIVENT RÉPONDRE DU TEMPS ET DE L'ARGENT INVESTIS.
VOTRE TEMPS, VOTRE ARGENT.
ILS ONT DONC CREUSÉ, ONT TENTÉ DE CRÉER UNE AFFAIRE AUTOUR DE MON CLIENT, EN ESPÉRANT QUE SON PASSÉ FLAMBOYANT DIVERTISSE LES BRAVES GENS QUE VOUS ÊTES.
MAIS MAINTENANT QUE LE SPECTACLE EST FINI, NOUS SAVONS... QU'IL N'A RIEN FAIT.
IL A "PARLÉ BOUTIQUE".
IL A PARLÉ DU "BON VIEUX TEMPS". IL S'EST DEMANDÉ CE QU'IL AURAIT FAIT DIFFÉREMMENT.
IL N'A JAMAIS MIS SON COSTUME. IL N'EST MÊME PLUS EN SA POSSESSION.
IL N'A PAS PLANIFIÉ DE BRAQUAGE, DE KIDNAPPING OU DE MEURTRE.
IL A SEULEMENT... PARLÉ.
ET C'EST POUR CELA QUE JE DÉFENDS SI ARDEMMENT JONATHAN POWERS.
PARCE QU'EN TANT QUE SOCIÉTÉ, NOUS DEVONS ÊTRE TRÈS PRUDENTS AVANT DE PUNIR LES GENS POUR CE QU'ILS PENSENT.
IL S'AGIT TOUJOURS D'UNE TERRE DE LIBERTÉS.
ET LIBERTÉ SIGNIFIE LIBERTÉ DE PENSER.
DE PENSER TOUT CE QU'ON VEUT.
RÊVER CE QU'ON VEUT.
DANS CE MONDE FOU, NOUS DEVONS NOUS ACCROCHER À NOTRE EMPATHIE POUR LA CONDITION HUMAINE, INHUMAINE ET MUTANTE, QUOI QU'IL ARRIVE.
QUOI QU'IL ARRIVE.

JE NE VOUS DEMANDE PAS D'AIMER MON CLIENT. FRANCHEMENT, JE NE SUIS PAS FOLLE DE LUI.
MAIS NOUS NE POUVONS PAS ARRÊTER QUELQU'UN PARCE QUE NOUS N'AIMONS PAS CE QU'IL *PENSE*.
NOUS NE POUVONS PAS PUNIR QUELQU'UN POUR UN CRIME QU'IL N'A PAS COMMIS.
NOUS DEVONS PERMETTRE SA RÉHABILITATION.
NOUS DEVONS *PERMETTRE* À CETTE PERSONNE DE PAYER SA DETTE À LA SOCIÉTÉ.
NOUS DEVONS PERMETTRE DE PENSER LIBREMENT, PARCE QUE DANS LE CAS CONTRAIRE...
... NOUS NE SOMMES PLUS LIBRES.
MERCI.

LATVÉRIE.
JE SUIS LE COLONEL JAMES RHODES, DES UNITED STATES MARINES !
LÂCHEZ VOS ARMES ET RENDEZ-VOUS !
LA LATVÉRIE EST SOUS LA PROTECTION DES ÉTATS-UNIS JUSQU'À CE QU'UN GOUVERNEMENT DÉMOCRATIQUE PROVISOIRE PUISSE ÊTRE MIS EN PLACE !
TOUTE ACTION DE RIPOSTE EST UN ACTE DE TERRORISME MONDIAL !
POSEZ VOS ARMES !
VLASHTONI !
CASKSANI ARMOUR NAKANI !
DERNIER AVERTIS-SEMENT.
VLASHTONI !
VLASHTONI !
MERCI.
"BEAU TRAVAIL, COLONEL RHODES.
"PARFAIT."

SALLE DE CRISE DE LA MAISON-BLANCHE.
THE WHITE HOUSE SITUATION ROOM
MERCI, MONSIEUR LE PRÉSIDENT.
BON, VOUS VOUS DEMANDEZ SANS DOUTE POURQUOI JE VOUS AI FAIT VENIR À LA MAISON-BLANCHE...
EN SALLE DE CRISE.
JE VOULAIS DE L'INTIMITÉ. LE BUREAU OVALE EST UN VRAI HALL DE GARE.
PERSONNE NE VIENT ICI... SAUF EN CAS D'IMMENSE CATASTROPHE.
ET PUIS, ÇA ME RAPPELLE DE PENSER AU LONG TERME.
AU *TRÈS* LONG TERME.
D'ACCORD. *EUH*, QUE PUIS-JE FAIRE POUR VOUS ?
MINISTRE DE LA DÉFENSE.
QUE VEUT-IL ?
ET SI *VOUS* DEVENIEZ MON NOUVEAU MINISTRE DE LA DÉFENSE ?
QU'EST-IL ARRIVÉ À L'ANCIEN ?
IL N'EST PAS VOUS.
IL N'EST PAS UN SYMBOLE EXALTANT DE LA PUISSANCE DE L'IDÉAL AMÉRICAIN.
ET JE PENSE QUE *VOUS* POURRIEZ FAIRE LE JOB EN DORMANT.
OUAH.
JE NE M'ATTENDAIS PAS À ÇA.
JE SAIS. POURTANT, J'IRAI MÊME *PLUS LOIN*.
PARCE QU'EN FAIT, JE VOUS PROPOSE LE POSTE DE MINISTRE DE LA DÉFENSE COMME PREMIÈRE ÉTAPE VERS *CE* POSTE.

CE...
VOTRE POSTE, VOUS VOULEZ DIRE ?
POUR LE PARTI.
POUR LE PAYS.
UN JOUR, UN "SUPER-HÉROS" VA FORCÉMENT SE PRÉSENTER À LA PRÉSIDENCE.
UN JOUR, VOTRE PETIT AMI TONY STARK VA SE RÉVEILLER EN DÉCIDANT QU'IL DEVRAIT ÊTRE PRÉSIDENT.
ET IL VA FAIRE TOUT LE TOUR DU PAYS ET SE PAYER UNE PLACE.
JE SAIS QUE C'EST VOTRE AMI, MAIS JE PRÉFÉRERAIS ÉNORMÉMENT QUE CE SOIT VOUS.
VOUS AVEZ SERVI CE PAYS. VOUS AVEZ SERVI LE MONDE.
JE SAIS QUE CETTE ARMURE VOUS EST CHÈRE, MAIS TOUS LES ATHLÈTES PROFESSIONNELS DOIVENT UN JOUR RACCROCHER LES GANTS ET PENSER AU DEUXIÈME ACTE.
ET CROYEZ-MOI, COLONEL.
C'EST UN DEUXIÈME ACTE PLUTÔT PAS MAL.
ET IL EST À VOTRE PORTÉE.

UNIVERSITÉ D'ÉTAT DE L'OHIO.
AU PIRE, ELLE ME DIT NON.
ET SI C'EST NON, C'EST NON.
C'EST TOUT ?
C'EST PAS FINI.
BIEN SÛR QUE C'EST FINI !
ENFIN, JE CROIS QUE C'EST FINI.
EUH, MICHELLE ?
OH, SALUT, ULYSSE.
C'ÉTAIT ROYALEMENT CHIANT, LE COURS, HEIN ?
AH, C'EST LA PIRE PROF DU CAMPUS, C'EST CLAIR.
DIS DONC, ÉCOUTE... ÇA VA TE SEMBLER SORTI DE NULLE PART, MAIS JE ME DEMANDAIS...
T'Y CROIS QUE ÇA NOUS ARRIVE ?
QUOI ?
"QUOI ?"
T'AS HIBERNÉ TOUTE LA JOURNÉE OU QUOI ?
REGARDE !

VOILÀ LA TÉRATO-GENÈSE.
LE NUAGE.
CE SERAIT PAS COMPLÈ-TEMENT CINGLÉ SI L'UN DE NOUS ÉTAIT UN IN-HUMAIN ?
C'EST VRAIMENT ÇA ?
JE CROYAIS QUE C'ÉTAIT QU'UNE RUMEUR OU...
MEC, C'EST GRAVE RÉEL.
ET LE VOILÀ.
IL ARRIVE !
IL ARRIVE !
WAOUH !
WOH.
TU SENS ÇA ? JE SENS... OH.
ME$%E !
EUH, QUELQUE CHOSE...

ÇA A MARCHÉ ?!
EST-CE QUE QUELQU'UN...?
OH MON DIEU.
MICHELLE ?
MICHELLE !
ELLE EST LÀ-DEDANS ?
MICHELLE !
OH MON DIEU !
C'EST QUI, L'AUTRE ?
J'EN SAIS RIEN.
MICHELLE, TU M'ENTENDS LÀ-DEDANS ?
IL FAUT APPELER QUELQU'UN ?
ON VOIT PAS À L'INTÉRIEUR !
ON FAIT QUOI ?

LE TRISKÉLION, Q.G. ET FOYER DES ULTIMATES.
CAPTAIN MARVEL SUR LE PONT.
REPOS.
RAPPORT ?
AUCUN DÉSASTRE À SIGNALER.
ALPHA FLIGHT S'EST MANIFESTÉ ?
TOUT À FAIT.
ILS ONT INTERCEPTÉ L'INVASION EXTRATERRESTRE ?
D'APRÈS EUX, C'ÉTAIT MOINS UNE INVASION EXTRATERRESTRE QU'UNE BANDE DE SHI'ARS COMPLÈTEMENT IVRES EN GOGUETTE, À LA RECHERCHE, ET JE CITE, D'UN "PLAN SEXE PRIMITIF".
BEURK.
COMME VOUS DITES.
ET A-FORCE ?
RIEN DEPUIS LEUR DERNIER RAPPORT.
MADAME, VOUS AVEZ UN VISITEUR DANS LA SALLE DES COMMUNICATIONS.
UN VISITEUR ?

DOC SAMSON.
QU'EST-CE QUE TU FAIS ICI ?
TU M'AS APPELÉ.
IL Y A TROIS SEMAINES. JE TE CROYAIS MORT, À FORCE.
JE L'ÉTAIS.
JE VAIS MIEUX.
TU AS UNE MINE SUPERBE.
IL S'AVÈRE QU'ON SE PASSE PARFAITEMENT DE DORMIR.
TOUT VA BIEN ?
NON.
COMME TOUJOURS POUR NOUS.
TU LE SAIS BIEN.
J'ENTENDS BEAUCOUP PARLER DE LA MISSION *PROACTIVE* DES ULTIMATES, QUI SERAIT D'EMPÊCHER LES DÉSASTRES AVANT QU'ILS N'ARRIVENT ?
TU AS LES OREILLES QUI TRAÎNENT, DIS DONC.
JE SUIS SÉRIEUX.
JE VAIS TE L'EXPLIQUER COMME ÇA...

MA COUSINE A DEUX ENFANTS. C'EST VRAIMENT UNE BONNE MÈRE, ET ELLE ME RÉPÈTE À QUEL POINT, CHAQUE JOUR, ILS MANQUENT DE S'ENTRETUER ACCIDENTELLEMENT.
CHAQUE JOUR.
ELLE N'A QU'À TOURNER LA TÊTE UNE SECONDE, ET L'UN D'EUX A TROUVÉ UNE PAIRE DE CISEAUX ET S'EN SERT COMME SI C'ÉTAIT UNE ÉPÉE.
ELLE REGARDE DE L'AUTRE CÔTÉ UNE SECONDE DE PLUS, ET L'AUTRE A SAUTÉ SUR LE PREMIER, LES ENVOYANT VALDINGUER DU LIT.
ELLE DIT QUE CHAQUE JOUR, ELLE PASSE À DEUX DOIGTS D'UN DÉSASTRE.
MAIS QUE ÇA ARRIVE SI SOUVENT QU'ELLE EST PRESQUE TOUJOURS DANS UN ÉTAT DE PANIQUE.
ET J'AI PENSÉ...
VOILÀ NOS VIES.
ÇA RESSEMBLE À ÇA, OUI.
TU M'AS APPELÉ POUR ÇA ?
JE ME DEMANDAIS CE QUE TU FAISAIS.
MA FOI, J'AI TOUJOURS MON CABINET.
J'ESSAIE DE TROUVER L'ÉQUILIBRE ENTRE MA VIE DE SUPER-HÉROS ET DE PSYCHANALYSTE.
"TROUVER L'ÉQUILIBRE".
UNE CHIMÈRE.
ET ÇA, COMMENT ÇA SE PASSE POUR TOI ?

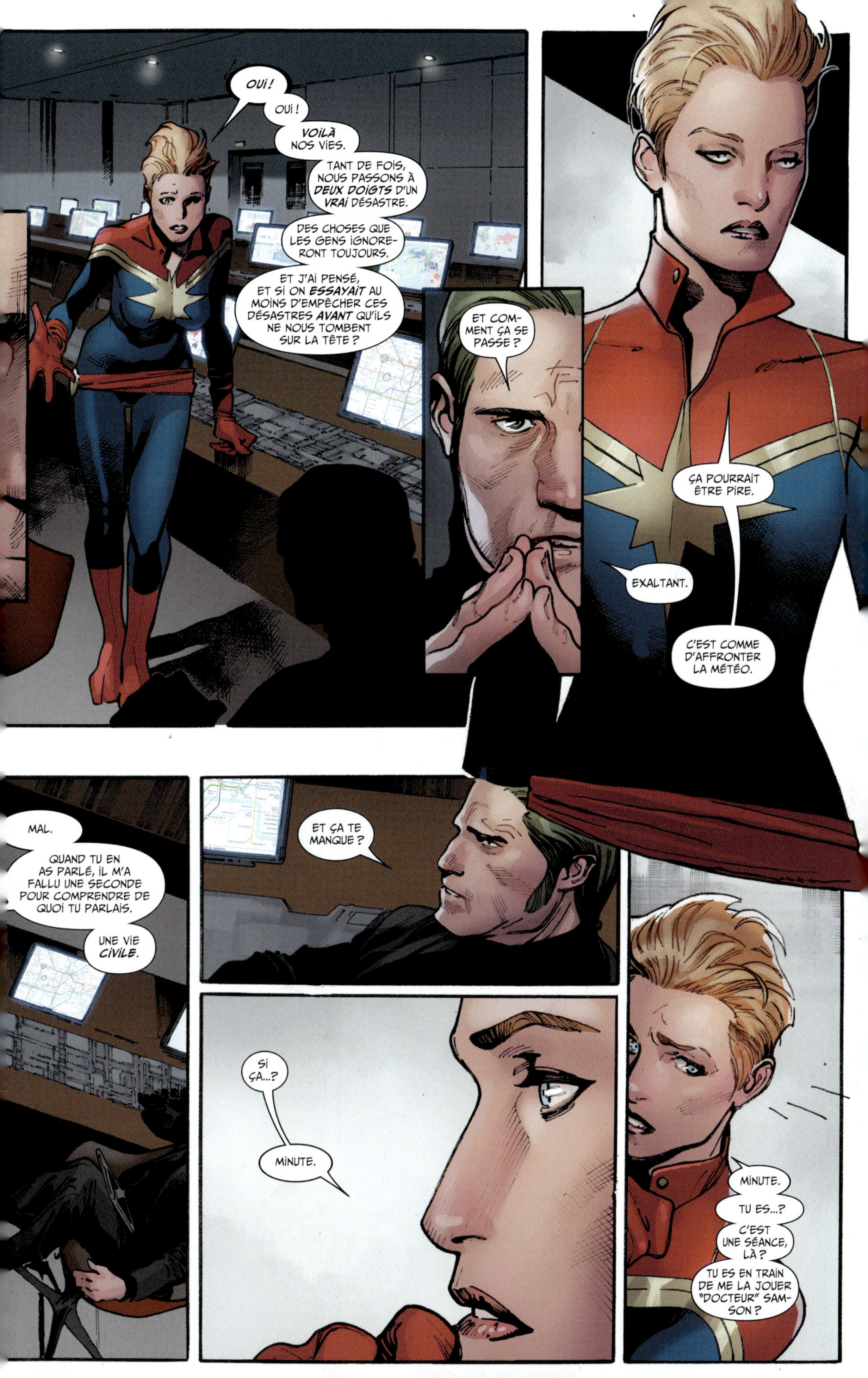
OUI !
OUI !
VOILÀ NOS VIES.
TANT DE FOIS, NOUS PASSONS À DEUX DOIGTS D'UN VRAI DÉSASTRE.
DES CHOSES QUE LES GENS IGNORERONT TOUJOURS.
ET J'AI PENSÉ, ET SI ON ESSAYAIT AU MOINS D'EMPÊCHER CES DÉSASTRES AVANT QU'ILS NE NOUS TOMBENT SUR LA TÊTE ?
ET COMMENT ÇA SE PASSE ?
ÇA POURRAIT ÊTRE PIRE.
EXALTANT.
C'EST COMME D'AFFRONTER LA MÉTÉO.
ET ÇA TE MANQUE ?
MAL.
QUAND TU EN AS PARLÉ, IL M'A FALLU UNE SECONDE POUR COMPRENDRE DE QUOI TU PARLAIS.
UNE VIE CIVILE.
SI ÇA...?
MINUTE.
MINUTE.
TU ES...?
C'EST UNE SÉANCE, LÀ ?
TU ES EN TRAIN DE ME LA JOUER "DOCTEUR" SAMSON ?

JE VEUX JUSTE SAVOIR COMMENT TU VAS.
ON T'A ENVOYÉ ICI !
TU AS BEAUCOUP DE TRAVAIL ET CERTAINES PERSONNES VEULENT SAVOIR COMMENT TU VAS.
C'EST JUSTE... AVEC TOUT CE QU'ON SAIT...
... TOUT CE QU'ON A VU, TOUT CE QU'ON A VÉCU...
... J'AIMERAIS JUSTE QU'IL EXISTE UNE CHOSE, UNE SEULE CHOSE, QUI...
NOUS PROTÈGE DE TOUS LES DANGERS ?
OUI.
MAIS PEUT-ÊTRE QUE C'EST NOUS.
C'EST PEUT-ÊTRE POUR ÇA QUE NOUS SOMMES COMME NOUS SOMMES... QUE NOUS SOMMES QUI NOUS SOMMES.
ET SI, UN JOUR, NOUS NE SUFFISONS PAS ?

JE DÉCIDE DE NE PAS T'EN VOULOIR.
TU N'AS PAS À M'EN VOULOIR.
C'EST DE LA COMPASSION.
C'EST TOUJOURS BIEN, LA COMPASSION.
C'EST DE L'INQUIÉTUDE.
TU AS L'AIR DE T'EN SORTIR.
TU N'ES PAS INQUIET ?
DU DÉSASTRE QUE NOUS POURRIONS NE PAS ÉVITER ?
MOI, JE NE PENSE QU'À ÇA.
L'ILLUSION DU CONTRÔLE.
ÇA PEUT TE DÉVORER.
JUSQU'ICI, TOUT VA BIEN.

MLLE WALTERS.
COMMENT ALLEZ-VOUS ?
JE VAIS BIEN, DIRECTRICE HILL.
VOUS VOUS PORTEZ BIEN ?
EUH, OUI.
QUOI ?
JE PENSAIS À L'HISTOIRE DU *PITRE*.

L'HÉLIPORTEUR DU S.H.I.E.L.D.
Q.G. FLOTTANT DE LA FORCE DE MAINTIEN DE LA PAIX MONDIALE DE L'ONU. ACTUELLEMENT SITUÉ À 1 000 PIEDS AU-DESSUS DE DOVER, NEW JERSEY.
...
QUOI ?
RIEN.
ÇA VA ?
C'EST JUSTE QUE ÇA FAIT CINQ MOTS QUE CETTE CONVERSATION EST DEVENUE LA PLUS LONGUE QUE NOUS AYONS JAMAIS EUE.
ÇA M'ÉTONNERAIT.
IL Y A QUELQUE CHOSE QUE JE PEUX FAIRE POUR VOUS ?
LE PITRE. JONATHAN POWERS.
OH, ÇA ? MA FOI, OUI, JE SUIS CONTRARIÉE.
J'AI PERDU LE PROCÈS.
J'IMAGINE.
MAIS C'EST TRÈS DIFFICILE DE CONVAINCRE UN JURY DE DÉPASSER L'IDÉE QUE QUELQU'UN A PU UN JOUR DÉCIDER DE S'HABILLER COMME UN PERSONNAGE DE CARTE À JOUER.
DUR D'OUBLIER CETTE IMAGE.
ÇA VA, DONC.
J'AI DÉJÀ PERDU DES PROCÈS... MAIS CE TYPE EST DE RETOUR EN PRISON.
ET JE COMPTE BIEN FAIRE APPEL PARCE QUE TOUT ÇA...
JENNIFER... IL EST MORT.

QUI ?
LE PITRE.
D'APRÈS NOS INFOS... DEUX AUTRES PRISONNIERS L'ONT ATTAQUÉ, ET IL S'EST DÉFENDU ET... ET ON DIT QU'UN GARDE A TIRÉ.
IL L'A TUÉ.
LE PITRE EST MORT ?
DÉSOLÉE D'ÊTRE CELLE QUI VOUS...
IL ÉTAIT INNOCENT.
IL EST ALLÉ EN PRISON AVANT D'AVOIR FAIT QUELQUE CHOSE DE MAL.
C'ÉTAIT UN RÉCIDIVISTE.
MAIS PAS CETTE FOIS.
IL AURAIT RECOMMENCÉ.
ILS LE FONT TOUJOURS.

ELLE ÉTAIT SI IMPATIENTE DE VOIR LES BRUMES, PERSONNE NE S'ATTENDAIT À ÇA.
J'ESPÈRE QU'ELLE VA BIEN, C'EST TOUT. QU'ELLE PEUT **RESPIRER** LÀ-DEDANS.
ET SAVEZ-VOUS QUELQUE CHOSE SUR L'AUTRE COCON ?
NON, JE...
OH, HÉ.
IL SE PASSE QUELQUE CHOSE.
QUEL EST VOTRE NOM ?
VOUS ÊTES INHUMAIN ?
COM-MENT VOUS SENTEZ-VOUS ?
POUVIEZ-VOUS PARLER À MICHELLE, LÀ-DEDANS ?
COM-MENT VOUS SENTEZ-VOUS ?
ÊTES-VOUS DIFFÉRENT ?
QUEL EST VOTRE NOM ?
VOUS SENTEZ-VOUS DIFFÉRENT ?
OH MON DIEU !
ÇA RECOM-MENCE !

AAAGGHHH!
LA VACHE !
MICHELLE !
OH MON DIEU !

AGH !
Q-QUE...?
QUE SE PASSE-T-IL ?
OHÉ ?
COM-MENT...?
QUE...?
J'AI FAIT ÇA ?
QUE SE PASSE-T-IL ?
QU'EST-CE QUI M'AR-RIVE ?!

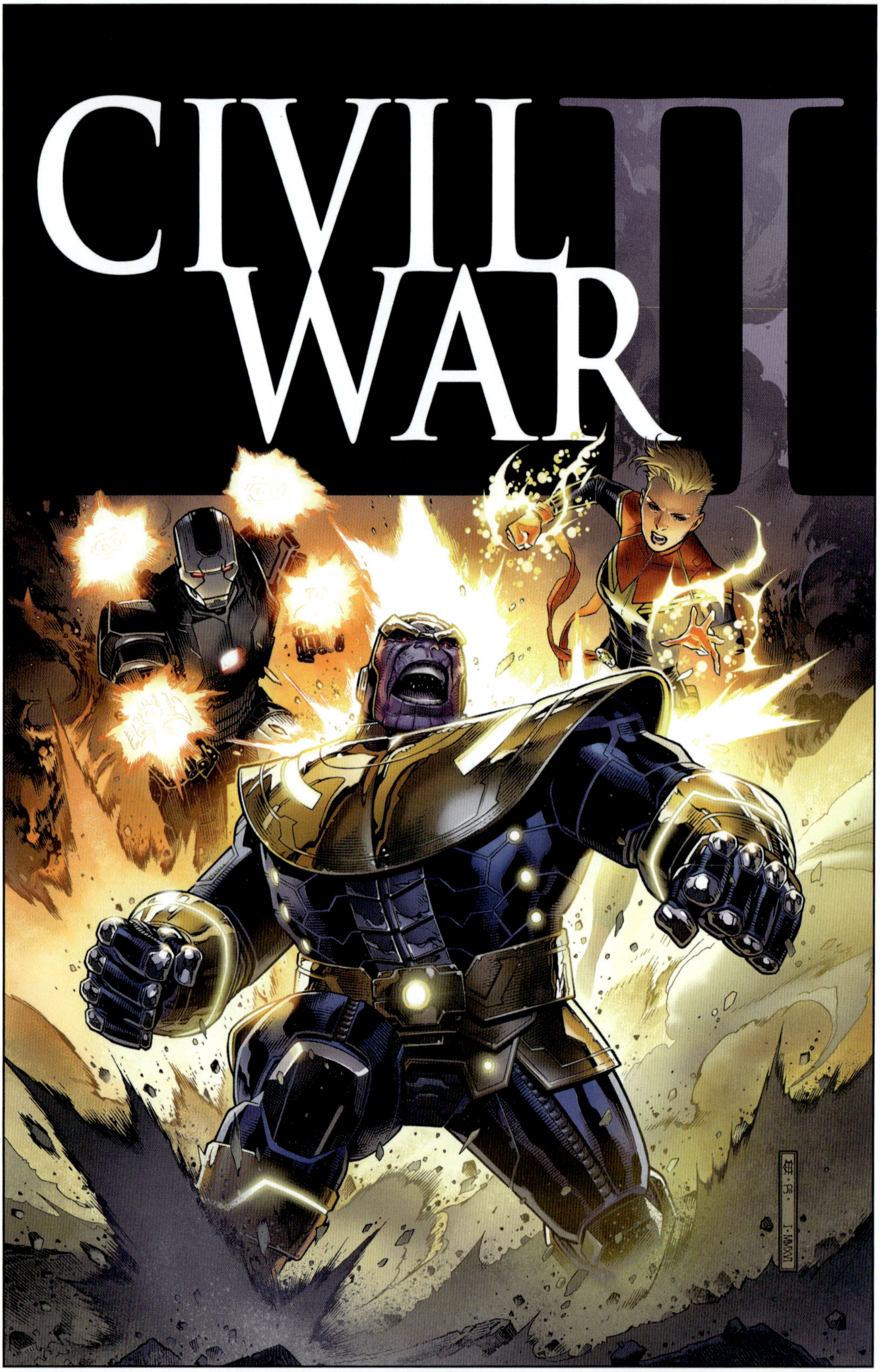

Free Comic Book Day: Civil War II (2016)
Couverture : **JIM CHEUNG**

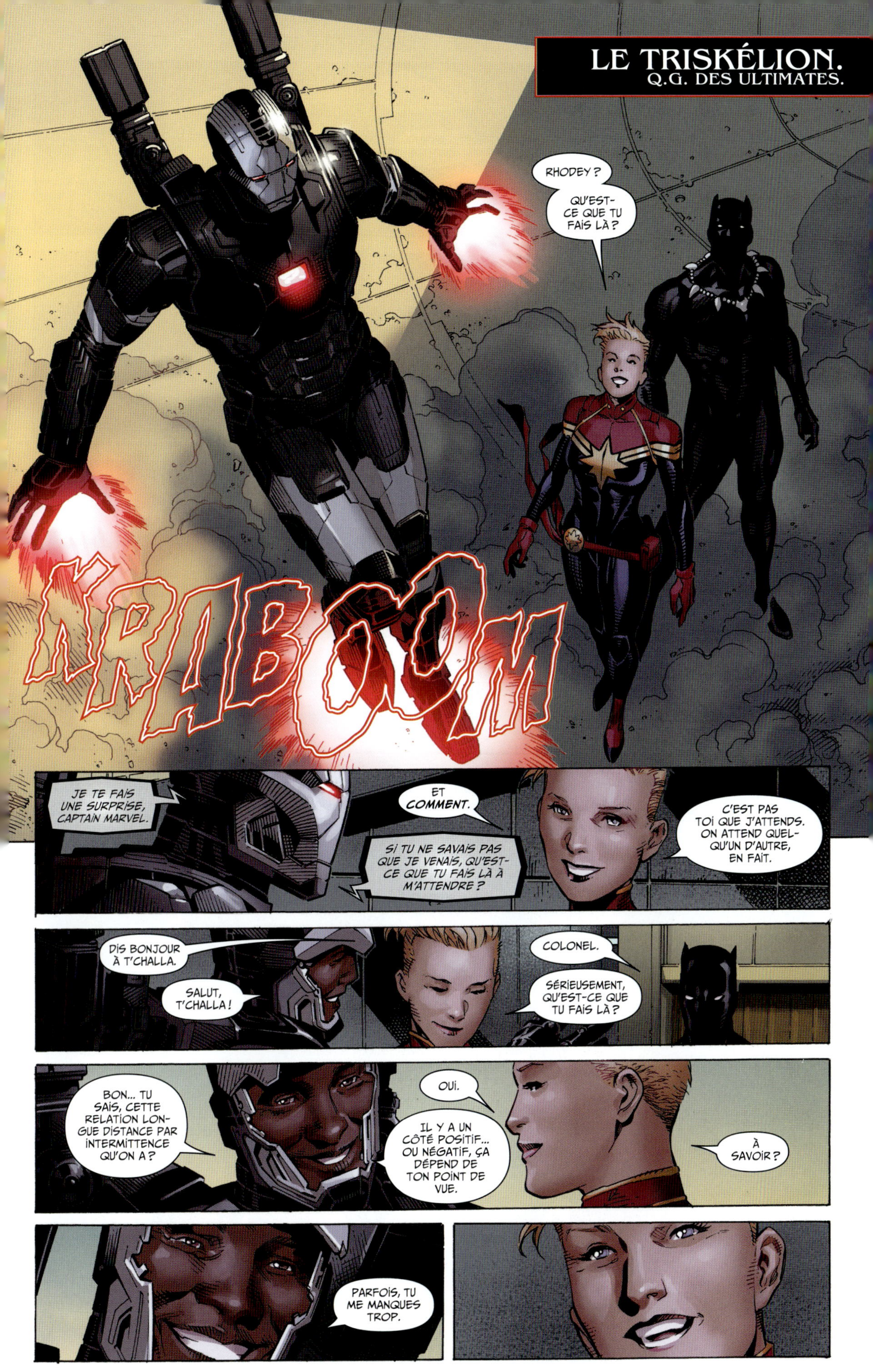

LE TRISKÉLION.
Q.G. DES ULTIMATES.
RHODEY ?
QU'EST-CE QUE TU FAIS LÀ ?
KRABOOM
JE TE FAIS UNE SURPRISE, CAPTAIN MARVEL.
ET COMMENT.
SI TU NE SAVAIS PAS QUE JE VENAIS, QU'EST-CE QUE TU FAIS LÀ À M'ATTENDRE ?
C'EST PAS TOI QUE J'ATTENDS. ON ATTEND QUELQU'UN D'AUTRE, EN FAIT.
DIS BONJOUR À T'CHALLA.
SALUT, T'CHALLA !
COLONEL.
SÉRIEUSEMENT, QU'EST-CE QUE TU FAIS LÀ ?
BON... TU SAIS, CETTE RELATION LONGUE DISTANCE PAR INTERMITTENCE QU'ON A ?
OUI.
IL Y A UN CÔTÉ POSITIF... OU NÉGATIF, ÇA DÉPEND DE TON POINT DE VUE.
À SAVOIR ?
PARFOIS, TU ME MANQUES TROP.

ENLÈVE TON CASQUE, COLONEL.
BIEN, CAPTAIN.
T'CHALLA, TOURNE-TOI.
ANCÊTRES, SAUVEZ-MOI.
NE ME LAISSEZ PAS VOMIR SOUS MON MASQUE.
SÉRIEUSE-MENT, VOUS ATTENDIEZ QUI, LÀ, DEHORS ?
ILS DEVRAIENT ARRIVER D'UNE... OH !
LES VOILÀ.
LES INHUMAINS SONT LÀ.

MÉDUSA, CRYSTAL, GUEULE D'OR.
VOICI LE COLONEL JAMES RHODES. WAR MACHINE.
ON S'EST RENCONTRÉS PLEIN DE FOIS. SALUT, RHODEY.
CRYSTAL.
ET JE ME SOUVIENS DE CE TYPE. EUGENE.
ULYSSE.
ULYSSE !
TU ES CELUI QUI PEUT PRÉDIRE L'AVENIR, C'EST ÇA ?
NOUS VOUS REMERCIONS D'AVOIR ACCEPTÉ QUE NOUS LE SOUMETTIONS À QUELQUES TESTS.
TES ARGUMENTS ÉTAIENT PERTINENTS, T'CHALLA.
CETTE CAPACITÉ À VOIR L'AVENIR... CLAIREMENT, IL NOUS FAUT MIEUX COMPRENDRE COMMENT ELLE FONCTIONNE.
S'IL VOUS PLAÎT !
SI NOUS LUI DEMANDONS QUEL EST L'AVENIR, NOUS DEVONS SAVOIR SANS HÉSITATION QUE L'INFORMATION EST CRÉDIBLE.
ET SI CELA PEUT RAPPROCHER LES HUMAINS ET INHUMAINS...
JE VEUX SAVOIR COMMENT CONTRÔLER ÇA.
ÇA M'ARRIVE N'IMPORTE QUAND. COMME UN COUP DE MASSUE.
JE NE FAIS PAS QUE VOIR LE FUTUR. JE LE VIS.
TOUT MON CORPS VIT CES DÉSASTRES ET C'EST... J'AI PEUR QUE ÇA FINISSE PAR M'ATTEINDRE.
ET MOI, J'AI PEUR QUE ÇA AFFECTE TA CAPACITÉ À VOIR CLAIREMENT TES VISIONS.
JE N'Y AVAIS MÊME PAS PENSÉ.
MAIS SI NOUS ARRIVONS À TE COMPRENDRE...
... TU POURRAIS ÊTRE LA PERSONNE À SUPER-POUVOIRS LA PLUS IMPORTANTE DEPUIS...
AGH !
ULYSSE ?
NNNAAGH !
QU'Y A-T-IL ?
T-THANOS.
IL S'APPELLE THANOS.
IL... IL ARRIVE.

PROJET P.E.G.A.S.U.S.
MONT ATHÉNA, NEW YORK.
UNE INSTALLATION SPÉCIALE CONÇUE POUR ÉTUDIER LES SOURCES D'ÉNERGIE INEXPLIQUÉES OU EXTRATERRESTRES.
TOUT LE PROJET EST VIDE. LES "PUISSANTES RELIQUES" ONT ÉTÉ ÉVACUÉES.
AINSI QUE TOUT LE PERSONNEL.
ALORS, QUI SONT TOUS CES...?
DES ROBOTS L.M.D., MISS HULK.
NOUS VOULONS QU'IL NE SE DOUTE DE RIEN.
JOLI.
PAS MAL POUR UNE FENÊTRE DE TROIS HEURES.
ON ATTEND COMBIEN DE TEMPS ?
SI ÇA MARCHE...
C'EST POUR BIENTÔT...
DIS QUE JE SUIS FOU, MAIS JE CROIS VRAIMENT QUE... ATTENTION !
KRAKOOM

C'EST LUI.
C'EST THANOS.
PRÊTS ?
PRÊTS !
C'EST PARTI !
MISS AMERICA.
MÉDUSA.
SPECTRUM.
CRYSTAL.
THANOS, TU ES EN ÉTAT D'ARRESTATION !
LA TORCHE.
CAPTAIN MARVEL.
MISS HULK.
PANTHÈRE NOIRE.
BLUE MARVEL.
DAZZLER.

AVENGERS DE LA TERRE, VOUS N'ÊTES PAS CENSÉS ÊTRE ICI !
SRABAM
AGH !
C'EST BON, CAPTAIN ?
J'ABSORBE !
ALLEZ-Y À FOND, TOUS !
AAGGH !
C'EST BON DE LÂCHER LA PRESSION COMME ÇA.
D'HABITUDE, JE DOIS ÊTRE SUPER PRUDENT, TU VOIS, VU QUE C'EST DU FEU, MAIS PAS AVEC DES DINGOS COSMIQUES DANS TON GENRE.
WOOOSSHHH
HARRGH !
LE CUBE COSMIQUE N'A RIEN À FAIRE SUR TERRE... IL M'APPARTIENT !
VOUS NE ME PRIVEREZ PAS DE MON TRÉSOR !
JE CROIS QUE SI.
JE TE TUERAI CE JOUR !
PHRASE BIZARREMENT STRUCTURÉE, MAIS LE SENS PASSE.
ET AU FAIT, DE PRÈS, TON MENTON EST VRAIMENT REPOUSSANT.
JENNIFER, À MOI !

JOLI !
FASHHAAAMMMM
RHODEY, VAS-Y !
ATTAQUE SURPRISE EN PLUS DE L'ATTAQUE SURPRISE !
BOUM.
REPLIEZ-VOUS !
BOOM
AAGH !

COMMENT ?!
COMMENT AVEZ-VOUS SU QUE JE SERAIS LÀ ?!
JE TE LE RACONTERAI UN JOUR.
JE SUIS PRÊT.
MÉDUSA, PRENDS LE LARGE !
HARRGH !
AAGH !
NON !
MÉDUSA !
AÏE ! NOM DE...

NON...
JENNIFER ?
RHODEY !

MAINTENANT, DONNEZ-MOI LE CUBE.

FAKOOOM
MON DIEU ! RHODEY !
MISS HULK RESPIRE À PEINE !
S.H.I.E.L.D., ICI L'AGENT BLAIRE, IL NOUS FAUT UNE ÉQUIPE MÉDICALE D'URGENCE AU PROJET P.E.G.A.S.U.S.
VITE !
MON DIEU !
AIDEZ-MOI, QUELQU'UN !

GUERRE CIVILE II (1)

Civil War II (2016) 1
Couverture : **MARKO DJURDJEVIC**

COLUMBUS.
CAMPING WOODS-N-WATERS.
NNN !
ARRÊTEZ ÇA !
AGH !
MON DIEU !
STOP !
POURQUOI ÇA NE S'ARRÊTE PAS ?
ULYSSE ?

NOUS SOMMES LES *INHUMAINS*.
NOUS POUVONS T'AIDER.
CE QUI T'ARRIVE EST BIEN.

MANHATTAN. QUELQUES SEMAINES PLUS TARD.
AÏE.
TONY STARK, IRON MAN.
MILES MORALES, SPIDER-MAN.
C'EST DE LA FOLIE, HEIN ?
OH, OUI.
OH, OUI.
JE VEUX DIRE, MÊME POUR UN MEMBRE FONDATEUR DES AVENGERS, HEIN ?
OK.
PARCE QUE MOI, ÇA ME SEMBLE VRAIMENT CINGLÉ. CONTENT DE PAS ÊTRE LE SEUL.
SAM ALEXANDER, NOVA.
TU N'ES PAS LE SEUL, SPIDEY.
C'EST ÇA, LE MIEUX, QUAND ON EST AVENGER.
ON N'EST JAMAIS SEUL FACE À LA FOLIE.
SAM WILSON, CAPTAIN AMERICA.
VOUS ÊTES ABSOLUMENT SÛRS QUE ÇA VA MARCHER ?
KAMALA KHAN, MISS MARVEL.
OH, OUI...
"OH, OUI."
OK.
QU'EST-CE QUI POURRAIT FAIRE QUE ÇA NE MARCHE PAS ?

À PART EUX, JE VEUX DIRE.

STARK

LES AVENGERS.
IL FAUT S'EN TENIR AU PLAN.
MAIS C'EST QUOI, CE TRUC ? D'OÙ EST-CE QUE ÇA SORT ?
C'EST UN FICHU GÉANT DE GIGANTESQUE CÉLESTE GÉANT QUI ESSAIE DE NOUS DÉTRUIRE.
QU'EST-CE QUE TU VEUX SAVOIR DE PLUS ?
AU FAIT, NOUS FAIRE DÉMOLIR PAR CETTE CHOSE ET SES PETITS SOLDATS N'EST PAS MA PARTIE PRÉFÉRÉE DU PLAN.
SUR LE COUP.
BOOM
LA VACHE !
C'ÉTAIT QUOI ?
NE PANIQUE PAS, PETIT.
ÇA, C'EST LE PLAN QUI MARCHE.
ÇA, C'EST LE DÉLICIEUX SON D'UN BOUM SUPERSONIQUE ET D'UN COUP DE TONNERRE SIMULTANÉ...
ET ÇA VEUT DIRE...
ÇA VEUT DIRE QUE THOR EST LÀ.

"... QU'IL EST TEMPS."

SALUT, TONY.
CAROL.
TOUT EST EN PLACE ?
ON VA VOIR ÇA.
OH, DOCTEUR...
CAROL DANVERS, CAPTAIN MARVEL.

LA SORCIÈRE ROUGE, HELLSTROM, DOCTEUR VAUDOU, WICCAN, SHAMAN ET MAGIE. SORCIERS.
PRÉSENT.
BON, ON S'Y MET ?
J'AI UNE VIE, MOI !
DOCTEUR STRANGE, SORCIER SUPRÊME.
ELLE SERA COURTE SI ON N'ARRÊTE PAS ÇA.
MON DIEU.
TOUT LE MONDE EST PRÊT ?
C'EST-À-DIRE, "PRÊT" ?
JE PARLAIS À NOS AMIS, LÀ-HAUT.
ÇA FAIT CINQ MINUTES QU'ON EST PRÊTS.
TOUT LE MONDE !
REPLIEZ-VOUS !
VITE !
SORTILÈGE COLLECTIF D'INVERSION DE DIMENSION. LIVRE DES VISHANTI, PAGE 2 342.
SORCIERS, COMME NOUS L'AVONS RÉPÉTÉ.

OUAH !

AAAAHAU SECOURS !
JE SUIS LÀ.
AAAAAGGHH!
J'AI HORREUR DE ÇA !

EUH...
ÇA A MARCHÉ ?
LE DESTRUCTEUR CÉLESTE EST PARTI.
IL A ÉTÉ RENVOYÉ DANS LA DIMENSION D'OÙ IL VENAIT.
ET LE PASSAGE VERS NOTRE MONDE EST REFERMÉ.
BON, BEN C'EST SUPER !
HEIN ?
ÇA A MARCHÉ.
FASCINANT.
MÉDUSA, CHEF DES INHUMAINS.

HÉ, QUI A TIRÉ LA SONNETTE D'ALARME LÀ-DESSUS ? COMMENT ON A SU QUE ÇA NOUS TOMBAIT DESSUS ?
DESCENDONS DANS LA RUE ET AIDONS À FAIRE LE MÉNAGE.
OK, PERSONNE NE M'ÉCOUTE.
TU CAPTES QUELQUE CHOSE ?
LE CIEL EST DÉGAGÉ.
TU PAIES LE COUP, ALORS.
JE PAIE CARRÉMENT LE COUP.

À DIRE VRAI, J'AI ENVIE DE DIRE QUELQUE CHOSE DE CE GENRE DEPUIS TRÈS LONGTEMPS...
LA TOUR STARK. LE LENDEMAIN SOIR.
AUX INHUMAINS.
C'EST TROP.
LE VOILÀ.
J'AI RATÉ UN TRUC ?
OH, RHODEY, SEULEMENT LE MEILLEUR DISCOURS JAMAIS DONNÉ PAR L'HOMME.
OH NON.
J'AI HORREUR DE RATER LES DISCOURS DE THOR.
JAMES RHODES, WAR MACHINE.
JE N'AI PAS PU M'EMPÊCHER DE REMARQUER QUE TU PARAISSAIS UN PEU ROUILLÉ, LÀ-DEHORS.
BEN, PEUT-ÊTRE QUE SI UN CERTAIN GÉNIE FOURNISSAIT UNE NOUVELLE TECHNOLOGIE À SON POTE AU LIEU DE LE LAISSER VOLER AVEC SON ARMURE DE RECHANGE DES ANNÉES 80...
CLAIR.
TU AS LES QUATRE MILLIARDS DE DOLLARS SUR TOI, OU BIEN...?
QUATRE MILLIARDS DE DOLLARS ? ET MA RÉDUC DE MEILLEUR POTE ?
C'EST AVEC LA RÉDUC DE MEILLEUR POTE.
T'AS QU'À SOUDER UN FLINGUE DE PLUS SUR TON ÉPAULE.
CE QUI NE SEMBLE PAS DU TOUT UNE TENTATIVE DÉSESPÉRÉE POUR COMPENSER JE-NE-SAIS-QUOI.
OH !

COMME BEAUCOUP PARMI NOUS, J'AI ÉTÉ TOUCHÉ PAR CE QU'IL S'EST PASSÉ HIER.
C'EST SI RARE POUR NOUS D'OBTENIR UNE VICTOIRE TOTALE ET INCONTESTABLE DE CE GENRE.
JE VOULAIS LEVER MON VERRE À CEUX GRÂCE À QUI C'EST ARRIVÉ.
LES INHUMAINS.
VOUS ÊTES VENUS NOUS PRÉVENIR AVEC SUFFISAMMENT D'AVANCE POUR EMPÊCHER ÇA. LE TIMING ET LES INFORMATIONS ÉTAIENT PARFAITS.
LE MONDE EST SAUF, ET NOUS SOMMES TOUS EN UN SEUL MORCEAU, GRÂCE À VOUS.
JESSICA, ALISON...
LE MIEUX QUAND ON EST JEUNE MAMAN ? HELLSTROM NE ME DRAGUE PAS.
QUE QUELQU'UN ME FILE UN COUSSIN À COLLER SOUS MON COLLANT, ALORS.
AH !
IL EST BLOQUÉ SUR WANDA, AUJOURD'HUI. ELLE PEUT LE GÉRER LES YEUX FERMÉS. ON EST TRANQUILLES.
ALLEZ, WANDA, DIS-LE RIEN QU'UNE FOIS : "PLUS DE HELLSTROM".
RIEN QU'UNE FOIS.
SALUT...
SALUT, JEN.
BON, L'ENVAHISSEUR GÉANT. C'ÉTAIT QUOI ?
AUCUNE IDÉE.
AH BON ?
JENNIFER WALTERS, MISS HULK.
AUCUNE IDÉE DE CE QUE C'ÉTAIT, D'OÙ IL EST SORTI.
COMMENT SAVAIS-TU QU'IL ALLAIT DÉBARQUER, ALORS ?
C'EST LIÉ AUX INHUMAINS.
JE CROYAIS QU'ILS NE NOUS FAISAIENT PAS CONFIANCE.
AVEC MOI, ÇA VA.
MAIS QUE SAVAIENT-ILS, COMMENT L'ONT-ILS SU ? JE SUIS VRAIMENT CURIEUSE.
ON VA DEMANDER À PRINCESSE SHAMPOING.

HÉ, MÉDUSA...
DIS-MOI, HM, COMMENT AVEZ-VOUS SU QUE TOUT ÇA ALLAIT SE PRODUIRE ?
CAPTAIN.
J'ALLAIS LITTÉRALEMENT POSER LA MÊME QUESTION MAINTENANT.
SUIVEZ-NOUS.
OK... ON VA ÉCHANGER DES RECETTES ?
UN INSTANT...
VIENS.
TOUT VA BIEN.

VOICI ULYSSE.
SI VOUS VOULEZ REMERCIER QUELQU'UN POUR HIER... REMERCIEZ-LE.
EUH, OK, C'EST CARRÉMENT TROP.
JE SUIS UN IMMENSE FAN.
MOI AUSSI.
C'EST MIGNON...
COMMENT AS-TU SU CE QUI ALLAIT NOUS ARRIVER HIER ?
C'EST BON.
EUX, TU PEUX.
JE NE DEVAIS EN PARLER À PERSONNE.
QUAND LES INHUMAINS GARDENT DES SECRETS, ÇA NE TOURNE JAMAIS BIEN POUR EUX.
NOUS ESSAYONS UNE NOUVELLE MÉTHODE.
BIEN. BONNE IDÉE.
JE, HM, JE L'AI VU.
TU ES UN INHUMAIN... QUI PEUT VOIR L'AVENIR AVANT QU'IL SE PRODUISE ?
COMMENT, EXACTEMENT ?
JE NE SAIS PAS.
JE LE VOIS.
JE NE SAIS PAS COMMENT DÉCRIRE ÇA.
TU PEUX NOUS FAIRE UN DESSIN ?
FAITES VENIR LA PETITE JEAN GREY.
C'EST UNE BONNE IDÉE ?
C'EST SORTI DE MA BOUCHE, STEVE, DONC OUI, PAR DÉFINITION, C'EST UNE BONNE IDÉE.
ET LA DISCORDE ACTUELLE ENTRE X-MEN ET INHUMAINS ?
C'EST LA FÊTE.

BONJOUR. JE SUIS JEAN GREY.
JE FAIS PARTIE DES X-MEN. JE SUIS TÉLÉPATHE.
C'EST VRAIMENT NÉCESSAIRE ?
ON VA DIRE QUE OUI.
SAUF TON RESPECT.
EUH...
CE QUE JE VAIS FAIRE, C'EST CRÉER UN ESPRIT DE RUCHE LIMITÉ ENTRE TOI ET TOUS CEUX QUI SONT DANS CETTE CUISINE.
ÇA VEUT DIRE QUE TU PEUX LEUR MONTRER CE QUE TU VOIS ET CE QUE TU FAIS...
EUH...
HM...
... MAIS TU NE LEUR MONTRERAS PAS TOUT. TU NE LEUR MONTRERAS PAS LES PENSÉES BIZARRES QUI SONT DANS TA TÊTE.
JE N'AI PAS DE PENSÉES BIZARRES DANS MA TÊTE.
TOUT LE MONDE EN A.
TU DEVRAIS VOIR À QUOI PENSE MISS HULK EN CE MOMENT.
HÉ.
PAS COOL.
JE FAIS QUOI ?
DÉTENDS-TOI.
ET RACONTE-NOUS TON HISTOIRE.
ET JE LEUR MONTRERAI CE QUE TU VOIS, QUAND TU EN SERAS À CE QUI NOUS INTÉRESSE...
EH BIEN, IL Y A QUELQUES SEMAINES... J'AI DÉCOUVERT QUE J'ÉTAIS INHUMAIN.
CE QUI EST FOU PARCE QU'IL Y A QUELQUES MOIS SEULEMENT, JE NE SAVAIS MÊME PAS QU'ILS EXISTAIENT.
MAIS QUAND LES BRUMES TÉRATOGÈNES SONT TOMBÉES SUR MON LYCÉE...
ÉTAT DE L'OHIO, GO BUCKEYES...

EUH...
OHÉ ?

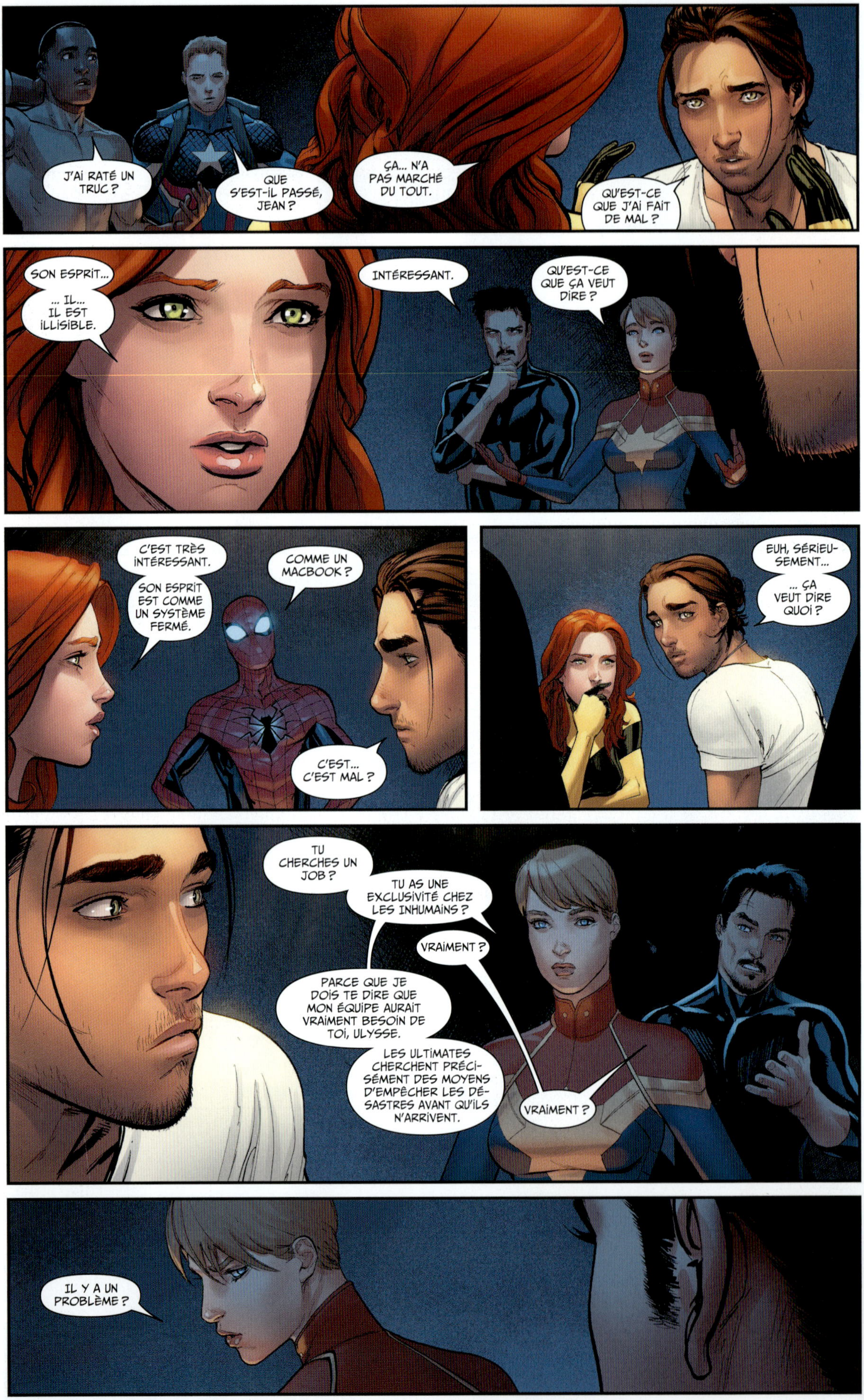

J'AI RATÉ UN TRUC ?
QUE S'EST-IL PASSÉ, JEAN ?
ÇA... N'A PAS MARCHÉ DU TOUT.
QU'EST-CE QUE J'AI FAIT DE MAL ?
SON ESPRIT...
... IL... IL EST ILLISIBLE.
INTÉRESSANT.
QU'EST-CE QUE ÇA VEUT DIRE ?
C'EST TRÈS INTÉRESSANT.
SON ESPRIT EST COMME UN SYSTÈME FERMÉ.
COMME UN MACBOOK ?
C'EST... C'EST MAL ?
EUH, SÉRIEUSEMENT...
... ÇA VEUT DIRE QUOI ?
TU CHERCHES UN JOB ?
TU AS UNE EXCLUSIVITÉ CHEZ LES INHUMAINS ?
VRAIMENT ?
PARCE QUE JE DOIS TE DIRE QUE MON ÉQUIPE AURAIT VRAIMENT BESOIN DE TOI, ULYSSE.
LES ULTIMATES CHERCHENT PRÉCISÉMENT DES MOYENS D'EMPÊCHER LES DÉSASTRES AVANT QU'ILS N'ARRIVENT.
VRAIMENT ?
IL Y A UN PROBLÈME ?

EH BIEN...
NOUS AVONS UN INHUMAIN QU'ON N'A JAMAIS RENCONTRÉ, DONT L'ESPRIT EST UN LIVRE FERMÉ, QUI PEUT, ON NE SAIT COMMENT, VOIR "UN" AVENIR...
... ET TOI, ÇA TE SUFFIT ?
ÇA TE SUFFISAIT AUSSI HIER.
HIER, JE NE SAVAIS PAS DE QUOI IL S'AGISSAIT.
TU AURAIS AGI DIFFÉREMMENT ?
C'EST PARCE QUE C'EST UN INHUMAIN ?
NON, ÇA, JE M'EN FICHE COMPLÈTEMENT.
QU'AS-TU EN TÊTE, TONY ?
NON. HM-HM.
JE NE VAIS PAS AVOIR UN DÉBAT MORAL AVEC TOI, STEVE.
ÇA NE FINIT JAMAIS BIEN ENTRE NOUS.
UN DÉBAT MORAL ? C'EST UN PROBLÈME MORAL, MAINTENANT ?
TU AS UN INHUMAIN QUI A LE POUVOIR DE PRÉDIRE UN FUTUR "POSSIBLE".
ON N'A AUCUNE IDÉE DE QUI IL EST...
SANS VOULOIR T'OFFENSER, PETIT. JE SUIS SÛR QUE TU ES TRÈS GENTIL.
ON N'A AUCUNE IDÉE DU TAUX DE PROBABILITÉ AVEC LEQUEL IL TRAVAILLE...
"TAUX DE PROBABILITÉ" ?
TOUT CE QUI M'INTÉRESSE, C'EST QUE LE MONDE CONTINUE DE TOURNER !
ÇA N'ÉTAIT PAS UN FUTUR POSSIBLE, TONY. ÇA ALLAIT SE PRODUIRE. TU AS VU CE MACHIN ?
MAIS ÇA N'EST PAS ARRIVÉ PARCE QU'ON L'A EMPÊCHÉ.
ÇA N'EST DONC PAS LE FUTUR QU'IL A VU. MAIS UN FUTUR POSSIBLE.
RÉFLÉCHIS-Y.

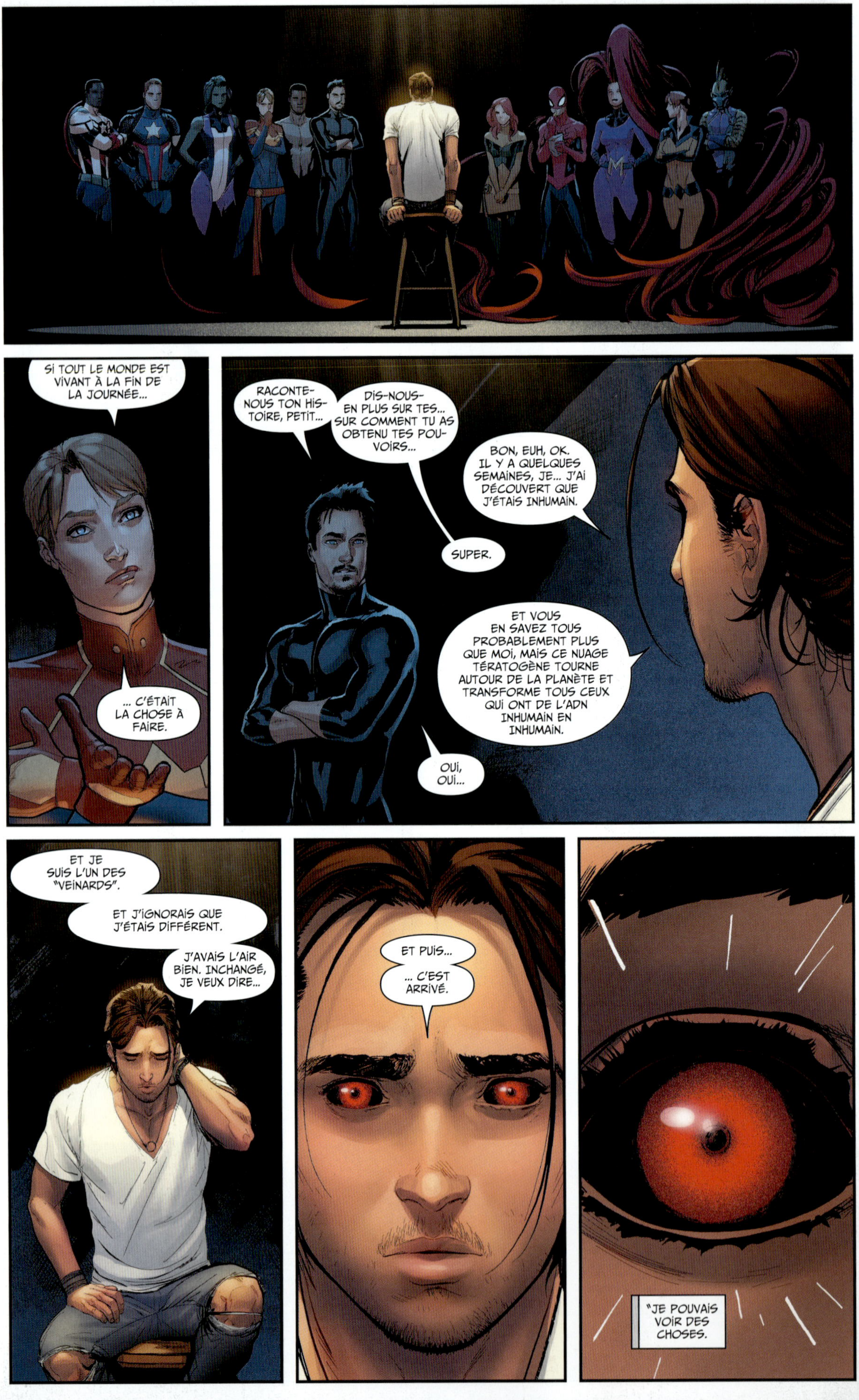
SI TOUT LE MONDE EST VIVANT À LA FIN DE LA JOURNÉE...
... C'ÉTAIT LA CHOSE À FAIRE.
RACONTE-NOUS TON HISTOIRE, PETIT...
DIS-NOUS-EN PLUS SUR TES... SUR COMMENT TU AS OBTENU TES POUVOIRS...
BON, EUH, OK. IL Y A QUELQUES SEMAINES, JE... J'AI DÉCOUVERT QUE J'ÉTAIS INHUMAIN.
SUPER.
ET VOUS EN SAVEZ TOUS PROBABLEMENT PLUS QUE MOI, MAIS CE NUAGE TÉRATOGÈNE TOURNE AUTOUR DE LA PLANÈTE ET TRANSFORME TOUS CEUX QUI ONT DE L'ADN INHUMAIN EN INHUMAIN.
OUI, OUI...
ET JE SUIS L'UN DES "VEINARDS".
ET J'IGNORAIS QUE J'ÉTAIS DIFFÉRENT.
J'AVAIS L'AIR BIEN. INCHANGÉ, JE VEUX DIRE...
ET PUIS...
... C'EST ARRIVÉ.
"JE POUVAIS VOIR DES CHOSES.

"DES VISIONS.
"JE NE SAVAIS PAS DU TOUT DE QUOI IL S'AGISSAIT.
"MAIS JE NE FAISAIS PAS QUE LES VOIR... JE LES VIVAIS.
"COMME SI J'Y ÉTAIS. TOUTES LES... À CHAQUE FOIS.
"UNE VISION FOLLE APRÈS L'AUTRE. ENCORE ET ENCORE.
"JE NE SAIS PAS COMBIEN DE TEMPS ÇA A DURÉ.
"MAIS JE NE SAVAIS PAS CE QUI M'ARRIVAIT, ALORS JE NE SAVAIS MÊME PAS OÙ CHERCHER DE L'AIDE.
"IL A FALLU DU TEMPS POUR COMPRENDRE CE QUI M'ARRIVAIT.
"J'AVAIS BESOIN D'AIDE.
"JE PENSAIS AVOIR FAIT UNE DÉPRESSION NERVEUSE, MAIS...
"... JE NE SAVAIS PAS QUI J'ÉTAIS, C'EST TOUT.
"ET PUIS...
"... LA FAMILLE ROYALE M'A ACCUEILLI.
"ILS M'ONT MONTRÉ...

"M'ONT AIDÉ À ME CONCENTRER.
"M'ONT AIDÉ À NE PAS ME PERDRE EN MOI-MÊME.
"KARNAK A UNE THÉORIE.
"IL M'A DIT QUE QUAND J'AI CES VISIONS, MÊME SI C'EST DIFFICILE, IL FAUT QUE J'ESSAIE DE ME CALMER...
"... DE ME DÉTENDRE ET DE CONSIDÉRER LA VISION.
"TOUS LES DÉTAILS.
"ET PUIS UN JOUR, J'AI VU LA DESTRUCTION DE NOTRE MONDE.
"JE L'AI VUE.
"UNE VÉRITABLE APOCALYPSE."
J'AI REGARDÉ AUTOUR DE MOI ET J'AI VU QUEL JOUR C'ÉTAIT.
J'AI SU QUAND ÇA ALLAIT ARRIVER...
MAIS ÇA NE S'EST JAMAIS PRODUIT...
... GRÂCE À VOUS TOUS.
OK...
IMAGINONS QUE CE TYPE VIENT NOUS VOIR EN COURANT, EN DISANT : "OH MON DIEU, JE VIENS D'AVOIR UNE VISION DE HULK COUCHANT AVEC ULTRON...
"... ET UN BÉBÉ NAISSAIT...
"... ET LE BÉBÉ ÉTAIT LA RÉINCARNATION D'HITLER."
JE PAIERAIS POUR VOIR CE FILM.
TU M'ÉTONNES.
MAIS EST-CE QU'ON ARRÊTE HULK AVANT QUE ÇA ARRIVE ?
EST-CE QU'ON L'ENFERME AVANT QU'IL NE FASSE QUELQUE CHOSE QU'ON N'APPRÉCIE PAS ?

ENCORE UNE FOIS, HIER, C'ÉTAIT HIER, C'ÉTAIT FACILE...
LE GRAND MONSTRE COSMIQUE NE NOUS ENVAHIT PAS ? TOUT VA BIEN.
MAIS SI LA PROCHAINE FOIS, ÇA N'ÉTAIT PAS SI FACILE ?
SI LA PROCHAINE FOIS... C'ÉTAIT L'UN DE NOUS ?
ET SI ULYSSE NOUS DIT QUE TU ES UN DANGER POUR NOTRE AVENIR ?
EST-CE QU'ON T'ARRÊTE AVANT QUE TU FASSES LE MACHIN QUE TU VAS FAIRE, MÊME SI TU NE SAIS PAS ENCORE QUE TU VAS LE FAIRE ?
ÇA DÉPEND.
DE QUOI ?
JE CROYAIS QUE TU ÉTAIS "UN FUTURISTE".
JE LE SUIS. JUSQU'À L'OS.
ÇA VEUT DIRE QUE JE RESPECTE L'AVENIR. JE CROIS EN L'AVENIR.
JE ME PROSTERNE À SES PIEDS.
CE QUE JE DIS, C'EST QU'ON DEVRAIT ÊTRE TRÈS PRUDENT SUR CE QUE NOUS DIT NOTRE NOUVEL AMI ULYSSE, ET SUR CE QU'ON EN FAIT.
MAIS JE SUIS CONTENT QUE VOUS SOYEZ TOUS LÀ, PROFITEZ BIEN DE LA FÊTE.
ON NE SE FAISAIT PAS DES CHECKS À LA CHAÎNE, IL Y A CINQ MINUTES, EN SE FÉLICITANT D'AVOIR SAUVÉ LA PLANÈTE ?
CET HOMME ME STUPÉFIE. À NOUVEAU.
MERCI POUR VOTRE AIDE, INHUMAINS.
ON NE L'OUBLIERA PAS.
OUAH.
TONY STARK.
OUAIS, C'EST GRISANT.
ÇA FINIT PAR PASSER.

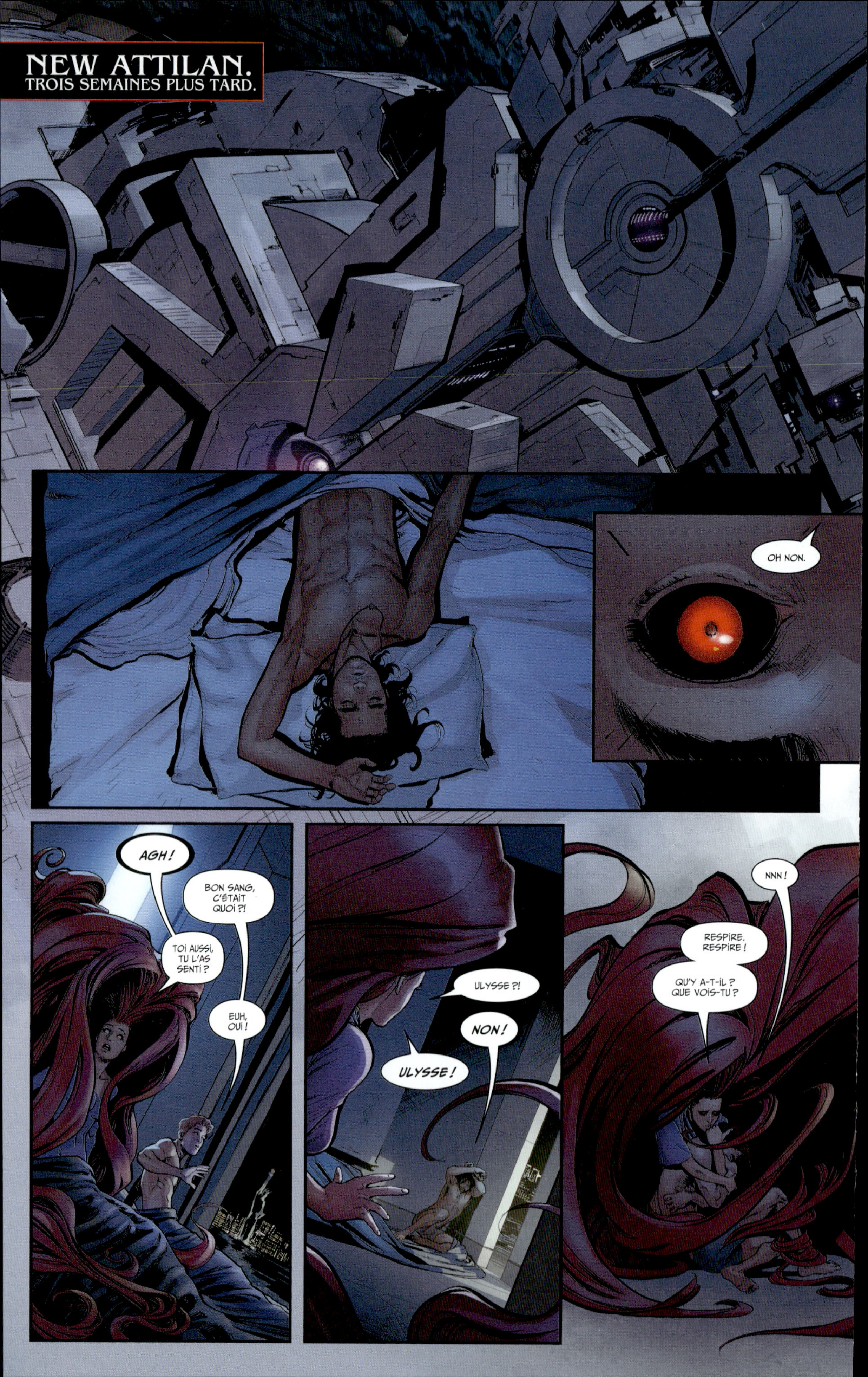
NEW ATTILAN.
TROIS SEMAINES PLUS TARD.
OH NON.
AGH !
BON SANG, C'ÉTAIT QUOI ?!
TOI AUSSI, TU L'AS SENTI ?
EUH, OUI !
ULYSSE ?!
NON !
ULYSSE !
NNN !
RESPIRE. RESPIRE !
QU'Y A-T-IL ? QUE VOIS-TU ?

AGH !
MONDIEUAAAH !
VOUS AVEZ SENTI ÇA ?
OUI, CRYSTAL.
QU'EST-CE QU'ON FAIT ?
IL FAUT... IL FAUT QU'ON PRÉVIENNE LES ULTIMATES !

LABORATOIRE DE TONY STARK.
ALLEZ, FRIDAY, ELLE EST OÙ ?
VOUS M'AVEZ DIT DE NE PAS LE DIRE.
C'ÉTAIT IL Y A DEUX HEURES.
NON.
ALLEZ.
VOUS VOULIEZ LA PREUVE QUE LE NOUVEAU MODE FURTIF DE L'ARMURE ÉTAIT BIEN SUPÉRIEUR À L'ANCIEN.
VOICI LA PREUVE.
AGH ! JE TE DÉTESTE !
JE SUIS VOUS. VOUS M'AVEZ PROGRAMMÉE.
C'EST PAS PARCE QUE JE T'AI PROGRAMMÉE QUE...
TONY.
BONJOUR, MLLE WATSON.
QU'EST-CE QUE J'AI ENCORE FAIT ?
QUOI ?
C'EST RHODEY.
IL EST LÀ ?
IL EST MORT.

LE TRISKÉLION. Q.G. DES ULTIMATES.
TONY, CALMEZ-VOUS !
OÙ EST-IL, HILL ?
CALMEZ-VOUS AVANT DE FAIRE UNE CRISE CARDIAQUE.
KRABOOM
OÙ EST-IL ?!
LA PUISSANCE NÉCESSAIRE POUR BRISER CETTE ARMURE EST...
POURQUOI LES CAPTEURS D'IMPACT N'ONT-ILS PAS COMPENSÉ...?
ÇA DEVAIT ÊTRE UNE FORCE...
COMMENT EST-CE ARRIVÉ ?

CAPTAIN MARVEL A ASSEMBLÉ UNE ÉQUIPE QUI...
CAROL !
STARK, ATTENDS !
CAROL DANVERS !
OÙ EST-ELLE ?
J-JUSTE DERRIÈRE.
LA MISSION A VRILLÉ.
ÇA ARRIVE.
TONY...

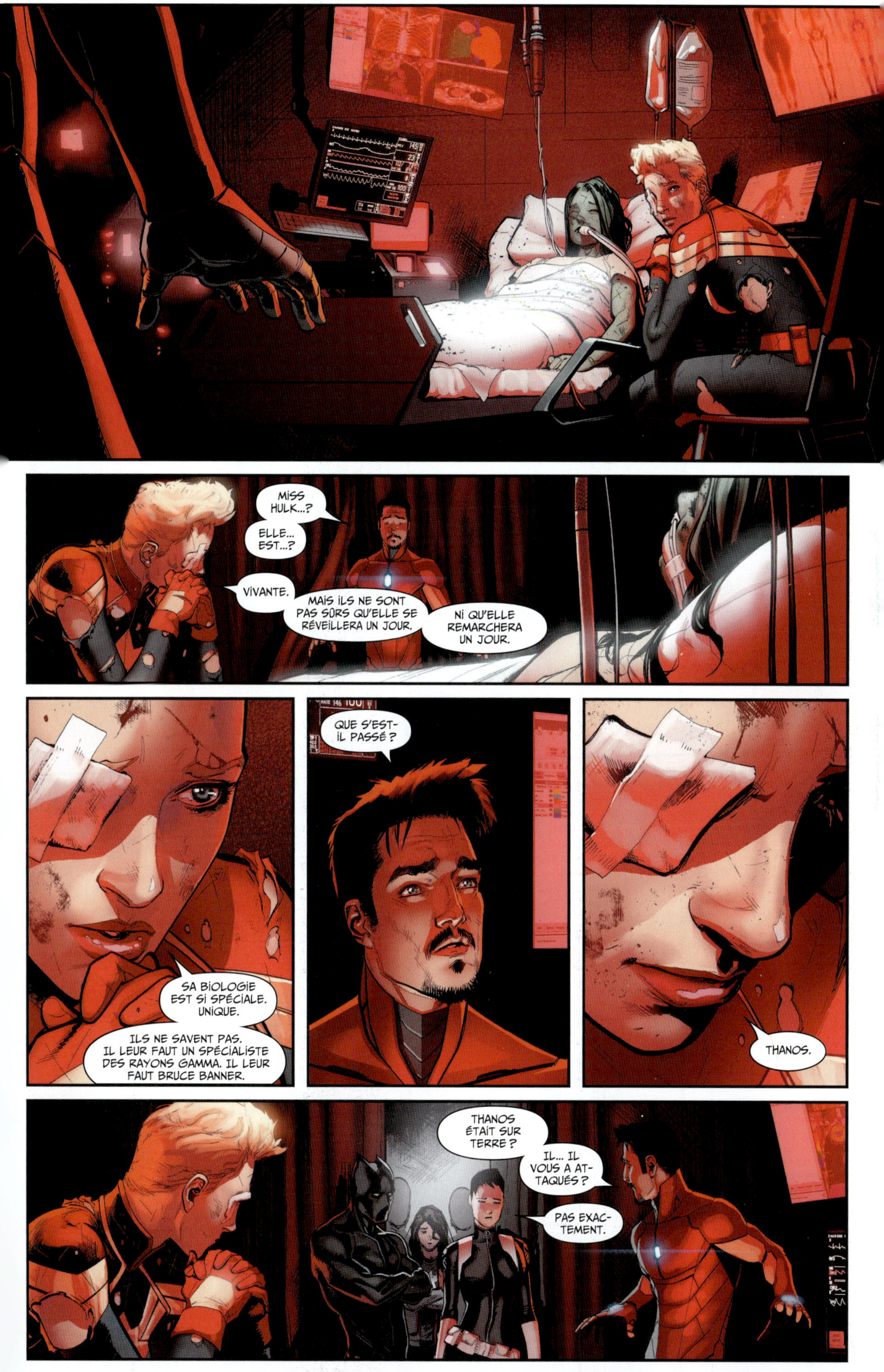
MISS HULK...?
ELLE... EST...?
VIVANTE.
MAIS ILS NE SONT PAS SÛRS QU'ELLE SE RÉVEILLERA UN JOUR.
NI QU'ELLE REMARCHERA UN JOUR.
SA BIOLOGIE EST SI SPÉCIALE. UNIQUE.
ILS NE SAVENT PAS. IL LEUR FAUT UN SPÉCIALISTE DES RAYONS GAMMA. IL LEUR FAUT BRUCE BANNER.
QUE S'EST-IL PASSÉ ?
THANOS.
THANOS ÉTAIT SUR TERRE ?
IL... IL VOUS A ATTAQUÉS ?
PAS EXACTEMENT.

SRABA
AVENGERS DE LA TERRE, VOUS N'ÊTES PAS CENSÉS ÊTRE ICI !

M

ON L'A PRIS EN EMBUSCADE.
COMMENT ?
NOUS SAVIONS OÙ IL ALLAIT APPARAÎTRE, ET NOUS L'AVONS ATTENDU LÀ.
IL PENSE TOUJOURS QU'ON A UN CUBE COSMIQUE SUR TERRE, ET IL VEUT...
COMMENT ?
COMMENT AVEZ-VOUS SU OÙ IL ALLAIT APPARAÎTRE ?
CAROL ?

MON DIEU !
AIDEZ-MOI, QUELQU'UN !
TU TE SOUVIENS DE CET INHUMAIN ?
CELUI QUI POUVAIT...
NON.
IL EST VENU NOUS VOIR.
IL... AVAIT EU UNE VISION.
UNE...
TU AS TUÉ MON MEILLEUR AMI.
TONY.
TU L'AS TUÉ, AUSSI SÛREMENT QUE SI TU L'AVAIS FAIT DE TES PROPRES MAINS.

C'ÉTAIT UN SOLDAT.
IL EST ALLÉ AU FEU.
ET TU N'ES PAS LE SEUL ICI QUI L'AIMAIT.
QU'EST-CE QU'IL FAISAIT AVEC VOUS TOUS, POUR COMMENCER ?!
IL N'EST PAS DE VOTRE ÉQUIPE !
LA MISSION S'EST PRÉSENTÉE. IL ÉTAIT SUR PLACE. AVEC MOI.
IL S'EST PORTÉ VOLONTAIRE.
JE T'AI PRÉVENUE !
JE T'AI PRÉVENUE QUE ÇA ALLAIT ARRIVER !
JE TE L'AI DIT.
JE SUIS DÉSOLÉE.
AVEC LES INFORMATIONS DONT NOUS DISPOSIONS...
... JE LE REFERAIS.
DONT TU DISPOSAIS ?
C'EST...
ET RHODEY AUSSI. TU LE SAIS. RHODEY AUS...
NON ! NON !
JE T'INTERDIS DE PRONONCER SON NOM !
JE T'AIME, TONY.
ET... ET JE SUIS VRAIMENT NAVRÉE.
OÙ EST THANOS, AU MOINS ?
OÙ EST-IL ENFERMÉ ?

IL EST DANS UNE CELLULE, EN SOUS-SOL.
MISSION ACCOMPLIE.
OÙ EST-CE QUE TU VAS ?
JE VAIS M'ASSURER QUE VOUS NE JOUIEZ PLUS À DIEU !
TONY !
!!!
OH ! JENNIFER, DIEU MERCI !
ÇA VA ALLER, JE PEUX...
!!!
JENNIFER, JE N'ENTENDS...
BATS-TOI.

C'EST NOTRE AVENIR, CAROL.
PAS LE SIEN.
BATS-TOI.
BEEEEEEEEEE
TOUT LE MONDE DEHORS !
JE VAIS CHERCHER LE DÉFIBRILLATEUR ?
À QUOI ÇA VA SERVIR, UN DÉFIBRILLATEUR ?!
C'EST MIEUX QUE RIEN !
TOUT LE MONDE DEHORS !
BEEEEEEEEEE
OH MON DIEU !
IL ME FAUT 900 CC, VITE !
DÉGAGEZ LE COULOIR !
ON EST SANS DOUTE TOUS EN TRAIN DE SE FAIRE CONTAMINER PAR LES RAYONS GAMMA !
BON SANG ! JE VEUX LE DÉFIBRILLATEUR ET 900 CC DE...
OÙ EST LE SPÉCIALISTE ? OÙ EST LE DOCTEUR BANNER ?
BEEEEEEEEEEEEEEEEEEEEEEEEEE
EEEEEEEEEEE EEEEEEEEEEE

GUERRE CIVILE II (2)

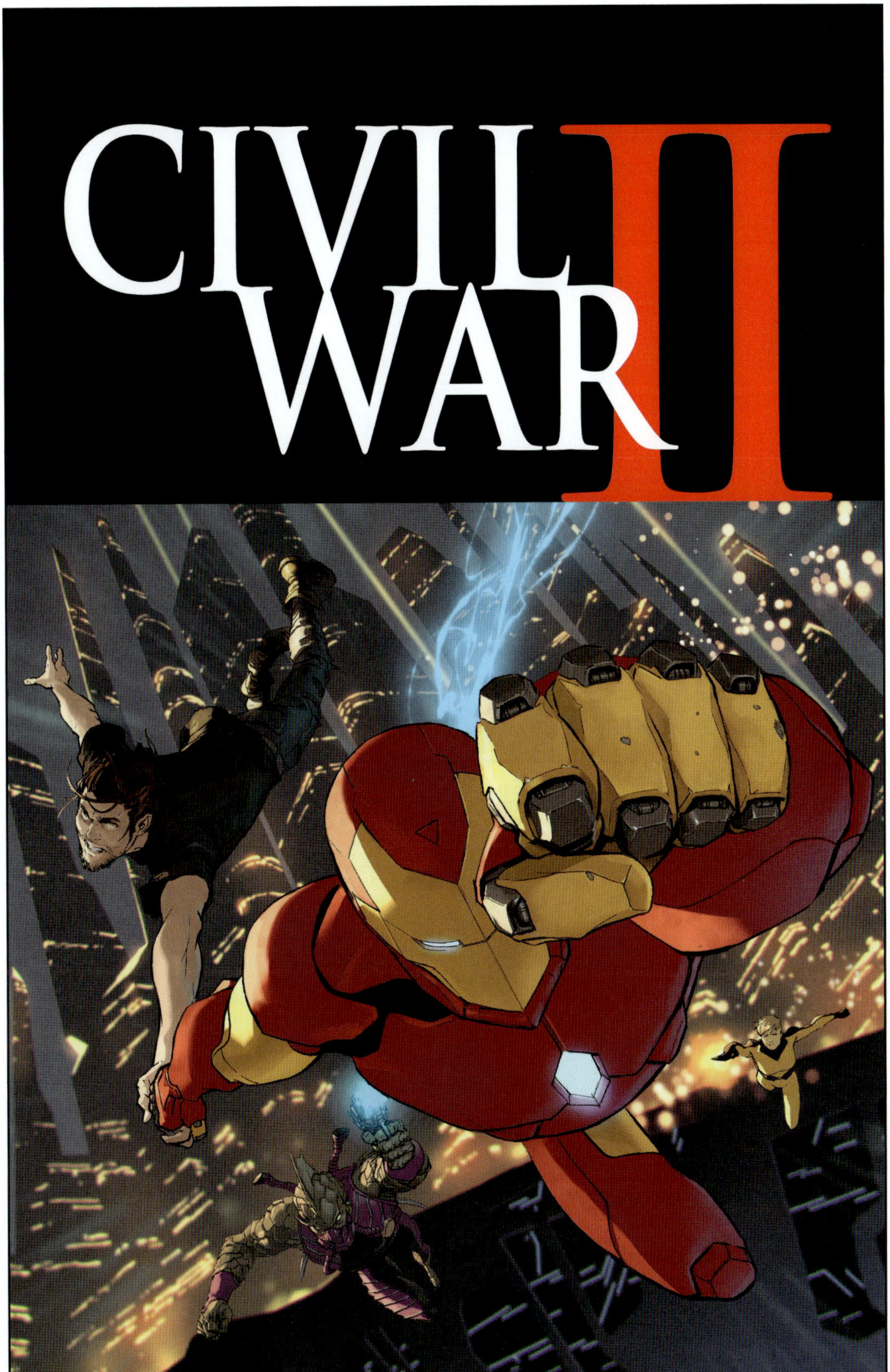

Civil War II (2016) 2
Couverture : **MARKO DJURDJEVIC**

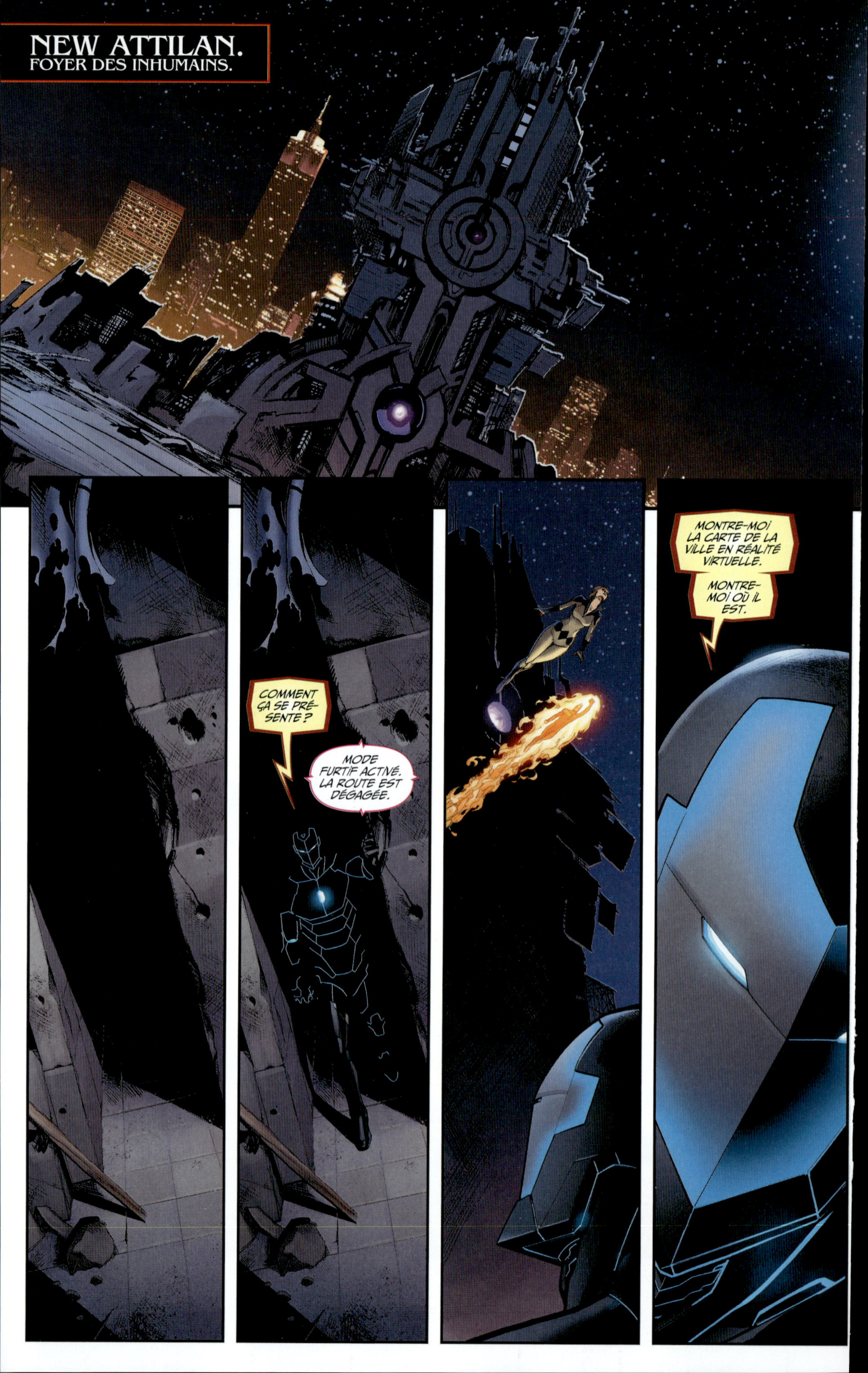
NEW ATTILAN.
FOYER DES INHUMAINS.
COMMENT ÇA SE PRÉSENTE ?
MODE FURTIF ACTIVÉ. LA ROUTE EST DÉGAGÉE.
MONTRE-MOI LA CARTE DE LA VILLE EN RÉALITÉ VIRTUELLE.
MONTRE-MOI OÙ IL EST.

NE FAIS PAS ÇA, TONY.

MÉDUSA.
CAPTAIN MARVEL A DIT QUE TU VIENDRAIS PEUT-ÊTRE.
JE LUI AI DIT QUE, QUEL QUE SOIT TON CHAGRIN, TU NE MANQUERAIS PAS DE RESPECT À NOTRE ROYAUME DE CETTE FAÇON.
ET MOI, JE DIS : ÇA NE SERA UN PROBLÈME QUE SI TU VEUX QUE C'EN SOIT UN.
RENTRE CHEZ TOI.
NOUS EN REPARLERONS QUAND TU AURAS L'ESPRIT APAISÉ.
JE PARS AVEC ULYSSE.
C'EST UN SUJET DE MON ROYAUME.
SI LES RÔLES ÉTAIENT INVERSÉS, TU NE LE PERMETTRAIS PAS.
JE COMPRENDS TA DOULEUR.
MAIS JE NE PEUX PAS TE LAISSER FAIRE.
UNE DERNIÈRE FOIS : VA-T'EN.
MÉDUSA !
AH !
TU SAIS QUE JE TE RESPECTE, MAIS TU ENTRES VRAIMENT DANS MA BULLE, LÀ.
'C'QUI S'PASS ?
JE T'EN SUPPLIE, TONY.
RENTRE CHEZ TOI.

RUPTURE DE LA COQUE.
RUPTURE ?
ON N'A MÊME PAS... M£$%E !
NOM DE...!
GGKKSS !
TRÈS BIEN.
NOUS EN REPARLERONS À TON RÉVEIL.

AAGGH!
ZTRAACCTTTT
NON...
KARNAK, J'AI PENSÉ À TOI.
STARK!
KARNAK!
NON!

AH !
OUI.
J'AI PENSÉ À TOI.
KTANG
CE QUE TU FAIS... ÊTRE CAPABLE DE DÉTECTER LES FAIBLESSES DANS LA STRUCTURE DES CHOSES.
CHEZ TES ADVERSAIRES.
EN TANT QU'INGÉNIEUR, JE NE CROIS PAS T'AVOIR JAMAIS DIT À QUEL POINT J'ADMIRAIS ÇA.
MAIS DÉSOLÉ, JE N'EN AI PAS L'INTENTION.
K'ZAAAAAMMMM
SKKRRAAASSHHHH
KARNAK !
PAS LA FOUDRE, CRYSTAL !
TU NE FERAS QUE LUI DONNER DE LA PUIS...
SKKRRAAASSHH

BOOOM
QUE DIABLE ?
C'ÉTAIT UN LEURRE.
C'ÉTAIT UNE ARMURE CONTRÔLÉE À DISTANCE.
PENDANT QUE VOUS L'AFFRONTIEZ, STARK A PRIS LA POUDRE D'ESCAMPETTE.
PFF...
C'EST TOUT LUI, COMME MANŒUVRE.
LE VRAI TONY STARK A PRIS NOTRE JEUNE INHUMAIN, IL EST DÉJÀ PARTI.
POURQUOI NE NOUS AS-TU PAS AIDÉS CONTRE LUI, HENRY ?
JE N'AFFRONTE PAS TONY STARK.

QU'EST-CE QUI A PRIS À STARK ?
PEU IMPORTE CE QUI LUI A *PRIS*...
... IL VIENT DE DÉCLARER LA GUERRE AUX INHUMAINS.
ON PART À SA POURSUITE ?
BON SANG.
TROP TARD, JOHNNY.
"ÇA NE SURPRENDRA PERSONNE..."

LE TRISKÉLION.
Q.G. DES ULTIMATES.
... TONY STARK VIENT DE PROVOQUER UN INCIDENT INTERNATIONAL AVEC UNE NATION DE SUPER-PUISSANTS.
EH BEN, ÇA N'A PAS TRAÎNÉ.
DIRECTRICE HILL, VOUS ÊTES EN CHARGE DU S.H.I.E.L.D. ET VOUS CONNAISSEZ VOTRE AFFAIRE MIEUX QUE PERSONNE, MAIS À VOTRE PLACE J'ENVERRAIS UNE ÉQUIPE À LA TOUR STARK IMMÉDIATEMENT.
STARK NE SERA SÛREMENT PAS À LA TOUR STARK.
C'EST VRAI...
"... MAIS LES INHUMAINS Y SONT PROBABLEMENT DÉJÀ."
ET MÉDUSA SAIT QUE STARK N'EST PAS LÀ.
MÉDUSA RÈGNE SUR SON PEUPLE, ET SON PEUPLE VIENT DE SUBIR UNE ATTAQUE ET UNE INVASION.
STARK L'A FORCÉE À RÉAGIR DE FAÇON ÉQUIVALENTE.
IL LUI A FORCÉ LA MAIN.

"ILS NE VONT PAS LÀ-BAS POUR TROUVER STARK.
"ILS VONT LÀ-BAS POUR EMPÊCHER KARNAK DE FAIRE TOMBER L'IMMEUBLE SUR LA VILLE."
STARK !
BONJOUR !
JE SUIS NAVRÉE DE VOUS DIRE QUE LES AUTORITÉS ONT ÉTÉ INFORMÉES DE CETTE INTRUSION.
DIS À TON EMPLOYEUR QUE MÉDUSA, REINE DES INHUMAINS, A DEUX MOTS À LUI DIRE.
DIS À STARK QU'IL VA NOUS RENDRE NOTRE FRÈRE ET QU'IL VA RÉPONDRE DE SES...
ELLE FERA PASSER MON MESSAGE.
EUH, KARNAK, TU PARLES DANS LE VENT, LÀ.
C'EST UN HOLOGRAMME. SANS DOUTE UNE I.A.
MAIS...
J'AI GRANDI AU BAXTER BUILDING. J'AI QUASIMENT ÉTÉ MARIÉ À UNE I.A., FUT UN TEMPS.
BEURK.
COMME JE LE DISAIS, C'EST UNE PROPRIÉTÉ STARK.
VOUS DEVRIEZ PARTIR AVANT...
CE BÂTIMENT EST DÉSORMAIS À NOUS !
IL N'EST PAS LÀ.
EN RIPOSTE, JE PEUX FAIRE TOMBER CET IMMEUBLE AUTOUR DE...
NON !

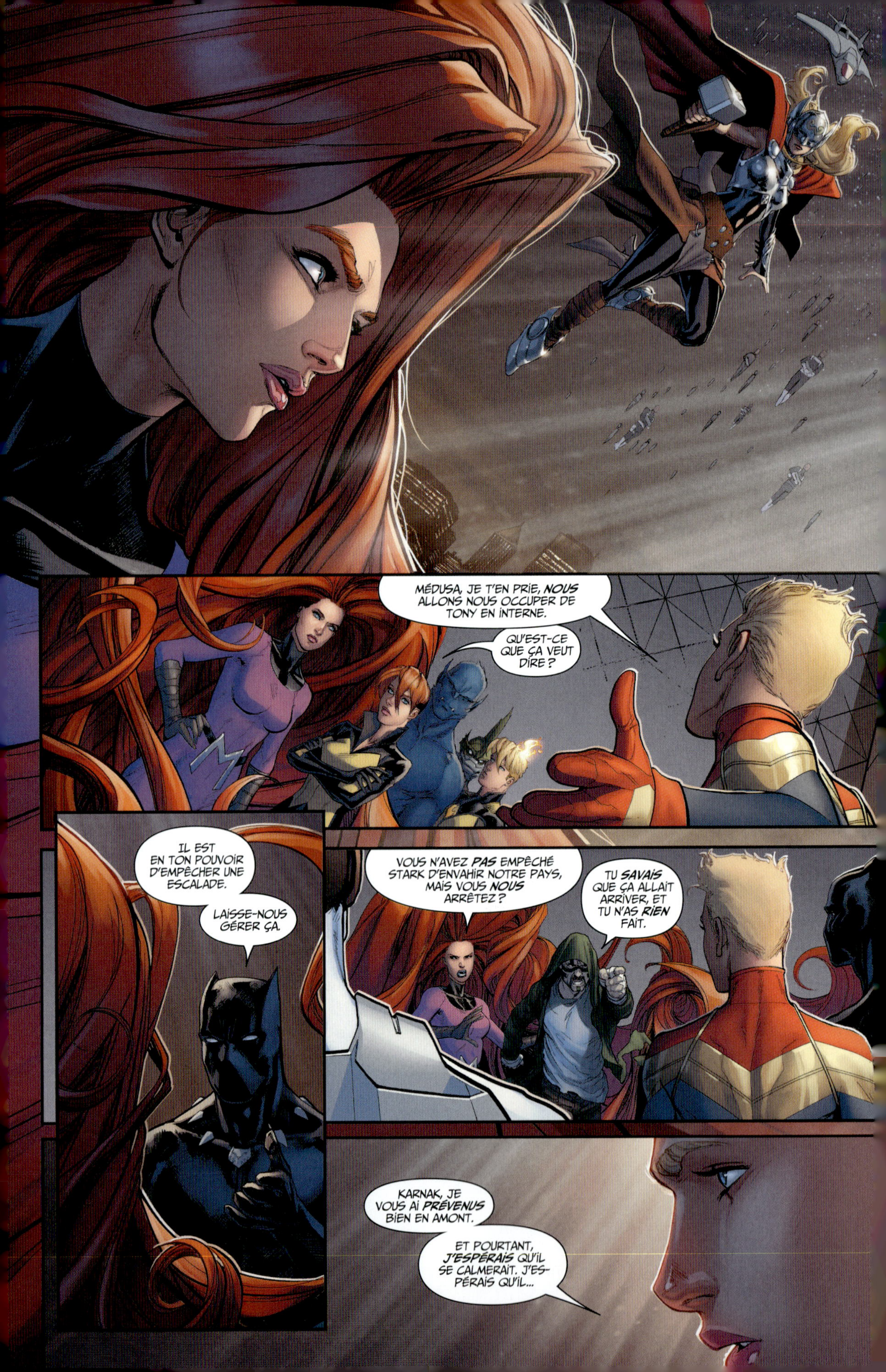
MÉDUSA, JE T'EN PRIE, NOUS ALLONS NOUS OCCUPER DE TONY EN INTERNE.
QU'EST-CE QUE ÇA VEUT DIRE ?
IL EST EN TON POUVOIR D'EMPÊCHER UNE ESCALADE.
LAISSE-NOUS GÉRER ÇA.
VOUS N'AVEZ PAS EMPÊCHÉ STARK D'ENVAHIR NOTRE PAYS, MAIS VOUS NOUS ARRÊTEZ ?
TU SAVAIS QUE ÇA ALLAIT ARRIVER, ET TU N'AS RIEN FAIT.
KARNAK, JE VOUS AI PRÉVENUS BIEN EN AMONT.
ET POURTANT, J'ESPÉRAIS QU'IL SE CALMERAIT. J'ESPÉRAIS QU'IL...

NE FAITES PAS ÇA.
S'IL VOUS PLAÎT.
ON VA S'EN OCCUPER.
ET NOUS TE RENDRONS SON OTAGE.
JE T'EN PRIE.
TU T'ES TROMPÉE !
SOYONS CLAIRS : NOUS AVONS ÉTÉ ATTAQUÉS. L'UN DES NÔTRES A ÉTÉ ENLEVÉ.
PARCE QUE NOUS *VOUS* AVONS AIDÉS.
PARCE QUE NOUS AVONS ***COLLABORÉ*** AVEC VOUS.
NOUS AVONS ***TOUS*** PERDU DES GENS.
JE T'EN PRIE.
UNE CHANCE.
JE NE DEMANDE PAS PLUS.

OHÉ ?
MMM...
OH, C'EST PAS VRAI.
VOUS... C'EST UNE BLAGUE ?
QU'EST-CE QUE J'AI FAIT ?
MON MEILLEUR AMI EST MORT.

JE SUIS NAVRÉ.
TU ES "NAVRÉ".
MERCI.
JE ME SENS BEAUCOUP MIEUX.
JE NE SAIS TOUJOURS PAS BIEN CE QUE J'AI FAIT.
JE NE SUIS MÊME PAS SÛR DE SAVOIR DE QUI ON PARLE.
LE COLONEL JAMES RHODES.
UN HÉROS DE L'AMÉRIQUE, UN VRAI DE VRAI.
TU L'AS ENVOYÉ SUR UNE MISSION QUI LUI A COÛTÉ LA VIE.
M-MOI ? JE N'AI ENVOYÉ PERSONNE NULLE PART.
Q-QU'EST-CE QUE VOUS ME FAITES ?
VOUS... VOUS ALLEZ ME FAIRE DU MAL ?
VOUS ALLEZ ME TUER ?
JE SUIS IRON MAN.
JE FAIS PARTIE DES GENTILS.
JE... JE SAIS. JE SUIS FAN.
LA FERME.
JE L'ÉTAIS.
JE... JE N'AI PAS TUÉ VOTRE AMI.
MONTRE-MOI COMMENT MARCHENT TES POUVOIRS.
QUOI ?
CES VISIONS QUE TU AS.
MONTRE-M'EN UNE.
JE NE LES PROVOQUE PAS.
ELLES... ELLES SURVIENNENT, COMME ÇA.
JE NE CONTRÔLE RIEN.
AÏE !

ALORS, FRIDAY ?
POURQUOI FAITES-VOUS ÇA ?
STIMULATION CÉRÉBRALE.
JE VOULAIS VOIR SI UN STIMULUS EXTÉRIEUR AFFECTAIT TA CAPACITÉ À AVOIR UNE VISION, OU SI ÇA POUVAIT EN PROVOQUER UNE.
AÏE.
JE PEUX AUSSI TE CHATOUILLER.
LAISSEZ-MOI !
PARLE MOINS, JE VEUX UNE VISION.
LAISSEZ-MOI !
FRIDAY ?
CLAIREMENT, IL Y A DES MOTIFS ÉNERGÉTIQUES DE SIGNAUX NERVEUX INTÉRESSANTS PRÈS DE SON LOBE FRONTAL.
"INTÉRESSANTS"... ?
JE MANQUE DE DONNÉES. FRAPPEZ-LE ENCORE.
NON ! HÉ !
PAS LA PEINE. VOILÀ. LA PEUR FONCTIONNE AUSSI.
QU'EST-CE QUE TU AS, FRIDAY ?
UNE CRÊTE.
UNE CRÊTE ?
UN PIC D'ACTIVITÉ DES ONDES ALPHA, AU-DESSUS DES SEUILS NORMAUX.
QU'EST-CE QUE VOUS VOULEZ DE MOI ?
JE VAIS TE LE DIRE...

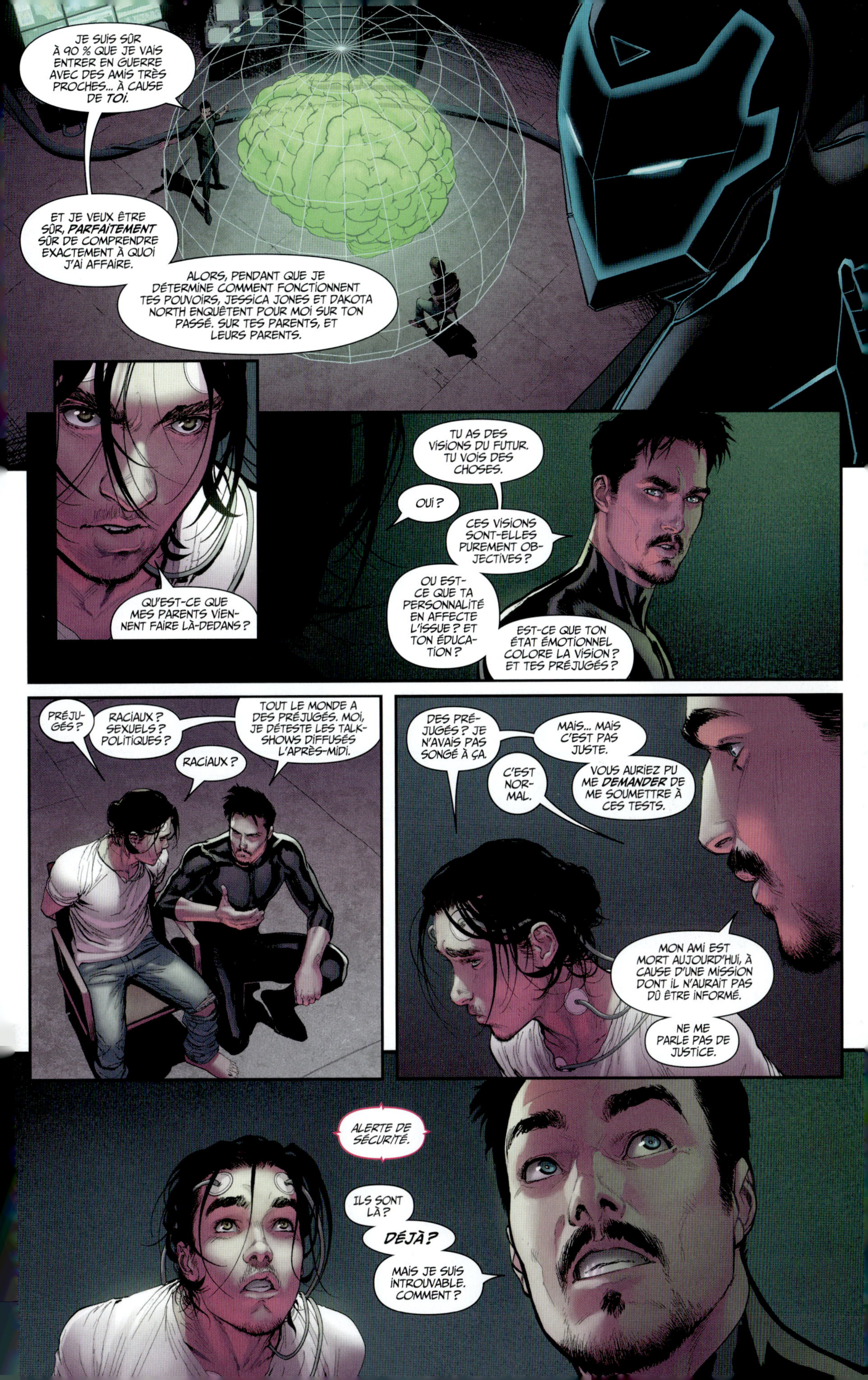
JE SUIS SÛR À 90 % QUE JE VAIS ENTRER EN GUERRE AVEC DES AMIS TRÈS PROCHES... À CAUSE DE TOI.
ET JE VEUX ÊTRE SÛR, PARFAITEMENT SÛR DE COMPRENDRE EXACTEMENT À QUOI J'AI AFFAIRE.
ALORS, PENDANT QUE JE DÉTERMINE COMMENT FONCTIONNENT TES POUVOIRS, JESSICA JONES ET DAKOTA NORTH ENQUÊTENT POUR MOI SUR TON PASSÉ. SUR TES PARENTS, ET LEURS PARENTS.
QU'EST-CE QUE MES PARENTS VIENNENT FAIRE LÀ-DEDANS ?
TU AS DES VISIONS DU FUTUR. TU VOIS DES CHOSES.
OUI ?
CES VISIONS SONT-ELLES PUREMENT OBJECTIVES ?
OU EST-CE QUE TA PERSONNALITÉ EN AFFECTE L'ISSUE ? ET TON ÉDUCATION ?
EST-CE QUE TON ÉTAT ÉMOTIONNEL COLORE LA VISION ? ET TES PRÉJUGÉS ?
PRÉJUGÉS ?
RACIAUX ? SEXUELS ? POLITIQUES ?
RACIAUX ?
TOUT LE MONDE A DES PRÉJUGÉS. MOI, JE DÉTESTE LES TALK-SHOWS DIFFUSÉS L'APRÈS-MIDI.
DES PRÉJUGÉS ? JE N'AVAIS PAS SONGÉ À ÇA.
C'EST NORMAL.
MAIS... MAIS C'EST PAS JUSTE.
VOUS AURIEZ PU ME DEMANDER DE ME SOUMETTRE À CES TESTS.
MON AMI EST MORT AUJOURD'HUI, À CAUSE D'UNE MISSION DONT IL N'AURAIT PAS DÛ ÊTRE INFORMÉ.
NE ME PARLE PAS DE JUSTICE.
ALERTE DE SÉCURITÉ.
ILS SONT LÀ ?
DÉJÀ ?
MAIS JE SUIS INTROUVABLE. COMMENT ?

HANK McCOY !
BON SANG.
J'OUBLIE TOUT LE TEMPS QU'IL EST AVEC LES INHUMAINS. (PARCE QUE C'EST BIZARRE)
GARDEZ ÇA POUR LES FORUMS DE DISCUSSION.
LA PRESSION SANGUINE EST TRÈS ÉLEVÉE AU SEIN DE CE GROUPE.
SANS BLAGUE ?
IL VA Y AVOIR DE L'ACTION, ET PAS QU'UN PEU.
QUE SE PASSE-T-IL ?
ET POUR MES POUVOIRS, ALORS ?
FRIDAY A TÉLÉCHARGÉ UNE COPIE DE TON CERVEAU.
JE COMPRENDRAI COMMENT TU FONCTIONNES... SI JE SURVIS À LA SUITE.
FAIS COMME SI TU T'ÉCLATAIS, TU VEUX ?
HEIN ?
AGH !

TONY.
CAROL.
TU VIENS JOUER AUX PETITS CHEVAUX ?
JE NE VIENS PAS POUR RIRE.
TANT MIEUX. JE SUIS EN DEUIL.
JE NE SERAI PAS FORCÉMENT TRÈS DRÔLE.
TU AS PROVOQUÉ UN SACRÉ INCIDENT.
EUH, NON, ÇA C'EST TOI.
J'AI RÉAGI EN CONSÉQUENCE.
ET NOUS AUSSI, EN QUELQUE SORTE.
TOUT LE MONDE EST AU COURANT DU SOUS-TEXTE DE TOUT ÇA ?
ON COMPREND TOUS CE QU'IL SE PASSE ?
TOUT LE MONDE SAIT QUE RHODEY N'EST PLUS AVEC NOUS ET QUE MISS HULK EST ENTRE LA VIE ET LA MORT PARCE QUE CAROL VEUT CONTRÔLER LE FUTUR ?
PARCE QUE C'EST N'IMPORTE QUI PARMI NOUS QUI AURAIT PU MOURIR.
ÇA AURAIT PU ÊTRE TOI, ÇA AURAIT PU ÊTRE TOI...
... ET EN FAIT, JE SUIS ÉPATÉ QUE ÇA NE SOIT PAS TOI, CLINT.
TONY, TU AS KIDNAPPÉ UN GOSSE CHEZ LUI...
TU L'AS TORTURÉ...
ROH, JE NE L'AI PAS TORTURÉ ! REGARDEZ.
UN PETIT PEU.
IL M'A TORTURÉ.
TONY, JE CROIS QUE TU FAIS UN GENRE DE DÉPRESSION NERVEUSE...
OH !
ET J'AIMERAIS T'AIDER.
ÇA N'EST PAS UN GENRE DE DÉPRESSION NERVEUSE... JE FAIS UNE DÉPRESSION NERVEUSE TOTALE !
TONY.
TOUS LES JOURS, NOUS NOUS BATTONS POUR L'AVENIR. NOUS NOUS BATTONS POUR UN MONDE MEILLEUR.
NE COMMENCE PAS À ME FAIRE LA LEÇON...
QU'ON GAGNE OU QU'ON PERDE, NOUS DEVONS RÉPONDRE DE NOS ACTES.
TONY, ARRÊTE.
JE PENSAIS QU'ON ÉTAIT D'ACCORD LÀ-DESSUS. JE PENSAIS...
AAH...

VOUS... VOUS AVEZ TOUS SENTI ÇA ?
JE L'AI SENTI, JE L'AI MÊME VU...
QU'IL PROJETTE ÇA DANS NOS TÊTES... C'EST NOUVEAU.
IL PROJETTE CES IMAGES ? JE CROYAIS QUE ÇA N'ÉTAIT QU'UNE VISION...
C'ÉTAIT RÉEL ? ÇA SEMBLAIT RÉEL. TRÈS RÉEL.
IL FAUT CROIRE QUE ÇA VA ARRIVER ?
PARDON...
OH, PARDON...
... HULK VA TOUS VOUS TUER.

TOUR PRÈS D'ALPINE, UTAH.
DOCTEUR BANNER ?
OH, COLONEL DANVERS.
QUELLE AGRÉABLE SURPRISE.
QUE PUIS-JE FAIRE POUR TOI ?

GUERRE CIVILE II (3)

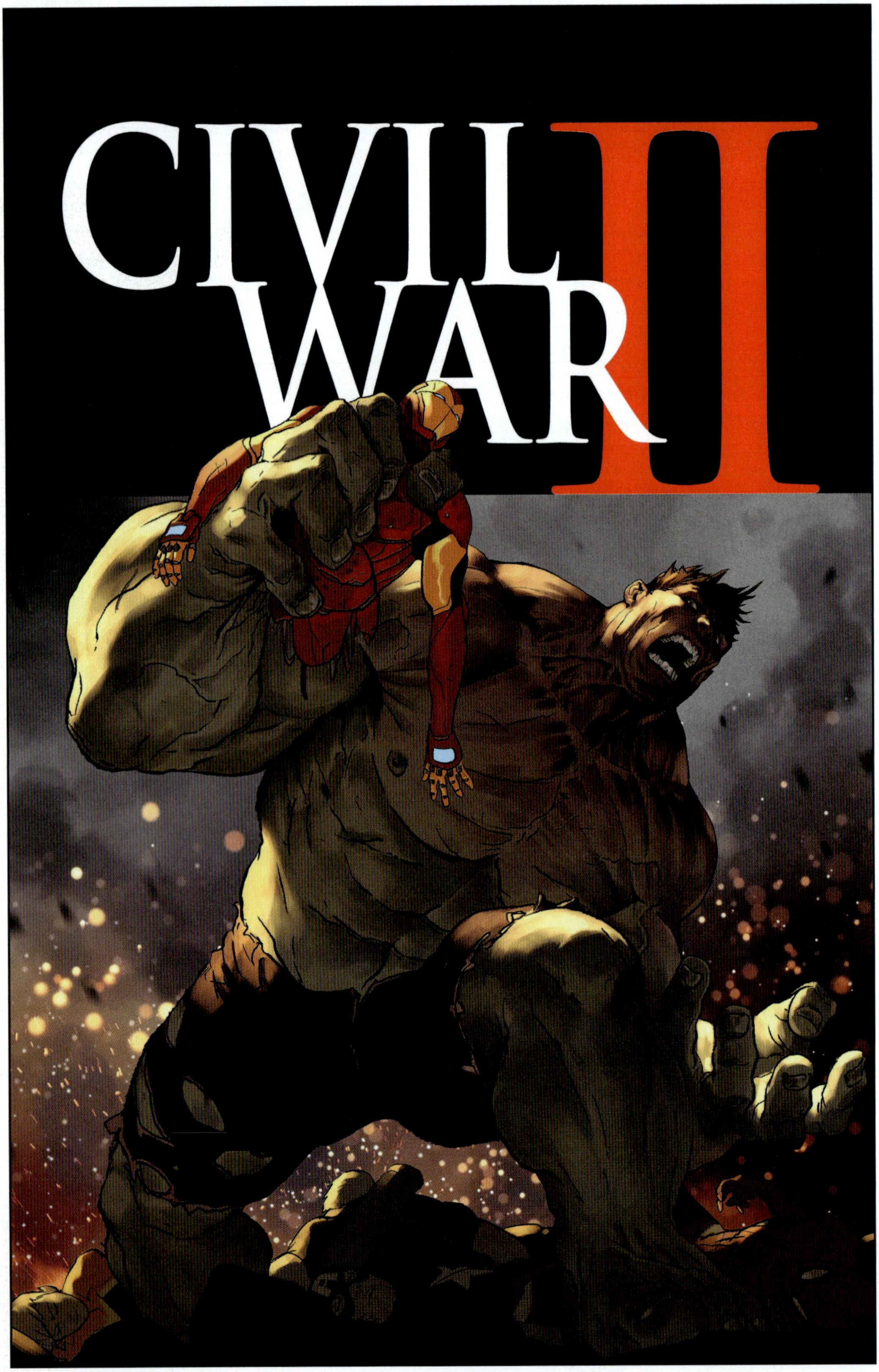

Civil War II (2016) 3
Couverture : **MARKO DJURDJEVIC**

TRIBUNAL FÉDÉRAL DE MANHATTAN.
MONSIEUR MURDOCK, APPELEZ VOTRE PREMIER TÉMOIN.
L'ÉTAT APPELLE LE COLONEL CAROL DANVERS.
VEUILLEZ ÉNONCER VOTRE NOM POUR LE TRIBUNAL.
COLONEL CAROL DANVERS, UNITED STATES AIR FORCE.
VOUS RAPPELEZ-VOUS LES ÉVÉNEMENTS DU 19 JUILLET DE CETTE ANNÉE ?
BIEN SÛR.
JE FAISAIS PARTIE D'UN GROUPE DE REPRÉSENTANTS DE LA COMMUNAUTÉ SUPERHÉROÏQUE, QUI AVAIT FAIT LE DÉPLACEMENT JUSQU'À UN LIEU SITUÉ NON LOIN D'ALPINE, DANS L'UTAH.
DANS QUEL BUT ?

"CONFRONTER LE DOCTEUR BRUCE BANNER."
BRUCE.
CAROL.
SUR QUOI TRAVAILLES-TU ?
JE, HM...
... QU'EST-CE QUE TU FAIS ICI ?
DANS MON LABO SECRET DONT JE PENSAIS QUE PERSONNE NE SAVAIT OÙ IL ÉTAIT.
JE... TONY.
EUH...
... LES GARS, ÇA FAIT PRESQUE UN AN QUE JE N'AI PAS EU D'INCIDENT HULK.
OH NON.
J'EN AI EU ?
C'EST MIEUX SI NOUS EN PARLONS DEHORS.
C'ÉTAIT LE MARCHÉ.
PAS D'ARMURE ?

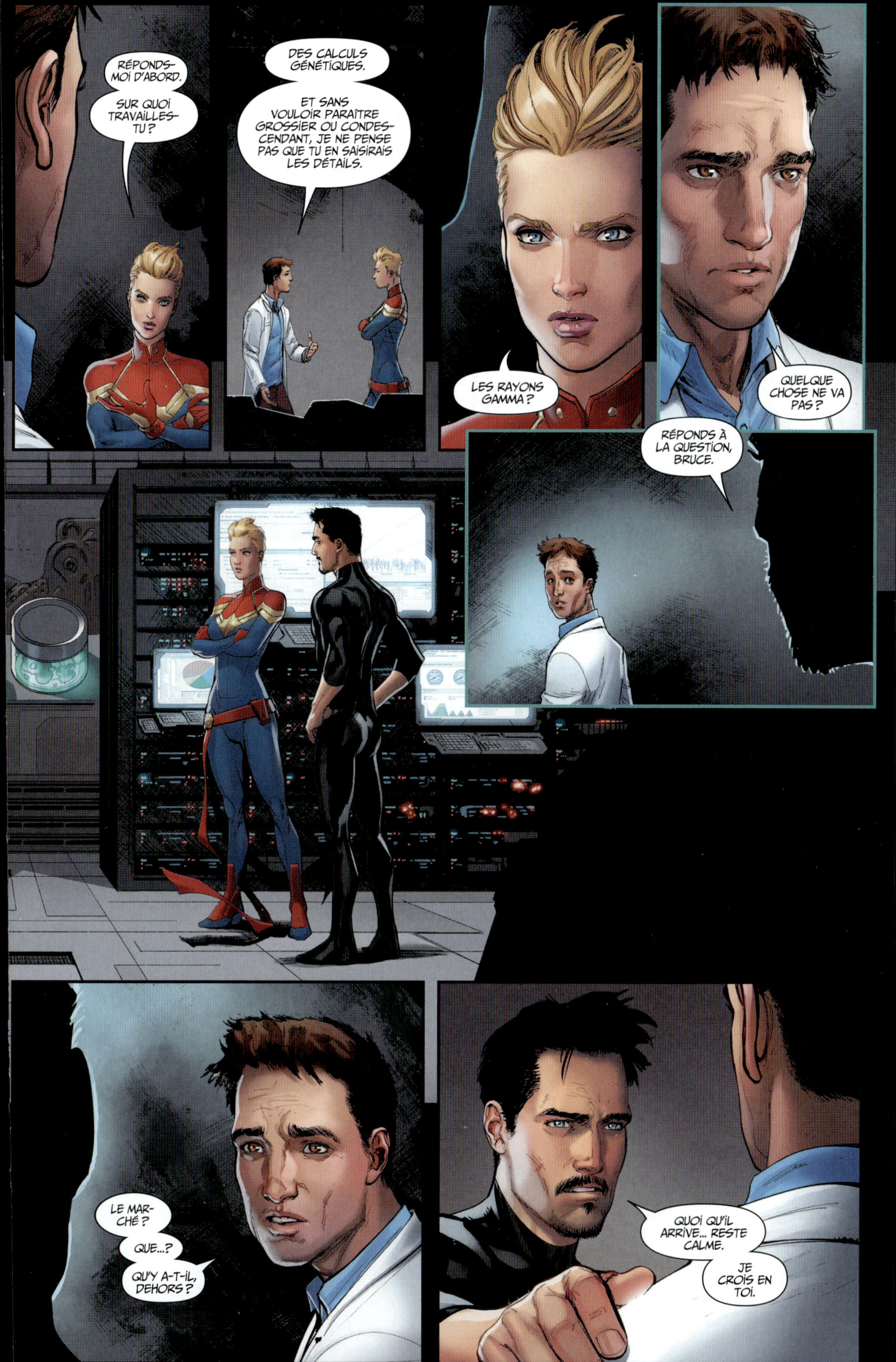
RÉPONDS-MOI D'ABORD.
SUR QUOI TRAVAILLES-TU ?
DES CALCULS GÉNÉTIQUES.
ET SANS VOULOIR PARAÎTRE GROSSIER OU CONDES-CENDANT, JE NE PENSE PAS QUE TU EN SAISIRAIS LES DÉTAILS.
LES RAYONS GAMMA ?
QUELQUE CHOSE NE VA PAS ?
RÉPONDS À LA QUESTION, BRUCE.
LE MAR-CHÉ ?
QUE...?
QU'Y A-T-IL, DEHORS ?
QUOI QU'IL ARRIVE... RESTE CALME.
JE CROIS EN TOI.

OH MON DIEU.
QU'EST-CE QUE J'AI FAIT ?

C'EST LE PROBLÈME, BRUCE.
TU N'AS RIEN FAIT POUR L'INSTANT.
VOILÀ.

L'ÉTAT APPELLE ANTHONY STARK.
BRUCE BANNER N'AVAIT PAS IDÉE DE LA RAISON DE VOTRE VENUE ?
NON.
QUELLE FUT SA RÉACTION INITIALE ? LA COLÈRE ?
NON...
"... UNE PERPLEXITÉ TOTALE."
IL Y A ICI UN JEUNE INHUMAIN...
DIS BONJOUR, ULYSSE.
NON, MERCI.
IL A DES...
... VISIONS...
... DU FUTUR.
D'UN FUTUR *POSSIBLE*.
IL NE FAIT PAS QUE LES VOIR.
IL LES *VIT* CARRÉMENT.
ET IL *NOUS* EN A FAIT VIVRE UNE À *TOUS*.
UNE EN PARTICULIER.
ELLE...
... TE CONCERNE.

JE NE COMPRENDS PAS.
COMMENT BANNER A-T-IL RÉAGI ?
JE SUIS NAVRÉ, BRUCE.
OUI.
TONY, TU... TOI AUSSI, TU AS VÉCU CETTE "VISION" ?
ET DONC ?
C'ÉTAIT TRÈS GRAVE.
JE VEUX DIRE, TU VOIS OÙ NOUS EN SOMMES.
OH MON DIEU.

NOUS LUI AVONS EXPLIQUÉ... JE LUI AI EXPLIQUÉ... QUE TOUTES LES VISIONS, TOUS LES TÉMOIGNAGES, QUEL QUE SOIT LE NOM QU'ON LEUR DONNE... DE CE JEUNE INHUMAIN...
... S'ÉTAIENT RÉALISÉS.
OU PLUS IMPORTANT, NOUS AVONS PU LES EMPÊCHER AVANT QUE ÇA NE SE RÉALISE.
LES VISIONS ÉTAIENT PLUS OU MOINS CORRECTES.
MAIS TOUT LE MONDE N'ÉTAIT PAS D'ACCORD, N'EST-CE PAS ?
DANVERS
DONC...
... NOUS AVONS UN GENRE DE DILEMME MORAL SUR LES BRAS.
ATTENDRE QUE JE DEVIENNE HULK OU M'ARRÊTER AVANT QUE ÇA ARRIVE.
ET JE LUI AI DIT QUE NOUS AVIONS PASSÉ UN MARCHÉ, ELLE ET MOI...
UN MARCHÉ ?
TONY ET MOI SOMMES EN DÉSACCORD CONCERNANT L'USAGE DES VISIONS DU PETIT POUR AMÉLIORER L'AVENIR.
JE DIS... ENFIN, TU SAIS CE QUE JE DIS.
TU DIS QUE LE FUTUR DOIT ARRIVER POUR QUE CE SOIT LE FUTUR.
ET VOUS AUTRES... VOUS ÊTES ICI...
... VOUS ÊTES PRÊTS À M'ÉCARTER ?
À M'ABATTRE ?
NON.
NON ?
LES AVIS SONT PARTAGÉS.
J'AI DIT QU'IL NOUS EN FALLAIT PLUS.
DES PREUVES.
C'EST JUSTICE.
PREUVES ?
QUEL GENRE DE PREUVES ?
C'EST VRAI.
VOUS EN AVEZ TROUVÉ ?
PRESQUE IMMÉDIATEMENT.
HENRY McCOY. LE DOCTEUR HENRY McCOY...
DES X-MEN.
OUI.
PENDANT QUE NOUS PARLIONS, IL A EN QUELQUE SORTE PIRATÉ LES SERVEURS DE BANNER.
QU'A-T-IL TROUVÉ ?

IL EXPÉRIMENTE SUR LUI-MÊME.
OH, BRUCE...
TU AS PIRATÉ MON...
TU AS VOLÉ MON TRAVAIL ?
TU T'INJECTES DES CELLULES GAMMA MORTES QUE TU AS TRAITÉES ?
OH NON.
OH MON DIEU.
JE LUI AI DIT : POURQUOI N'ES-TU PAS VENU MONTRER TES DÉCOUVERTES À L'UN D'ENTRE NOUS AVANT D'EXPÉRIMENTER À NOUVEAU SUR TOI ?
POUR AVOIR NOTRE AVIS ? NOTRE AIDE ?
POURQUOI AS-TU FAIT ÇA ?
TU EXPÉRIMENTES SUR TOI ? À NOUVEAU ?
APRÈS... APRÈS TOUTES LES HORREURS QUE...
VOUS NE COMPRENEZ PAS !
MES NOUVEAUX TRAVAUX ONT TENU HULK À L'ÉCART.
BRUCE BANNER...
... EN TANT QUE DIRECTRICE DU S.H.I.E.L.D., JE VOUS PLACE EN ÉTAT D'ARRESTATION.
NOUS DEVONS VOUS METTRE EN DÉTENTION.
PAR PITIÉ, SUIVEZ-NOUS DANS LE CALME.
NE COMPLIQUE PAS LES CHOSES.
JE NE SUIS PAS DEVENU HULK DEPUIS PRESQUE UN AN GRÂCE À MES EXPÉRIENCES.
BRUCE, CALME-TOI !
ET VOUS... VOUS VENEZ CHEZ MOI ET VOUS M'ACCUSEZ DE...
BRUCE ?
QU'EST-CE QUE VOUS AVIEZ...

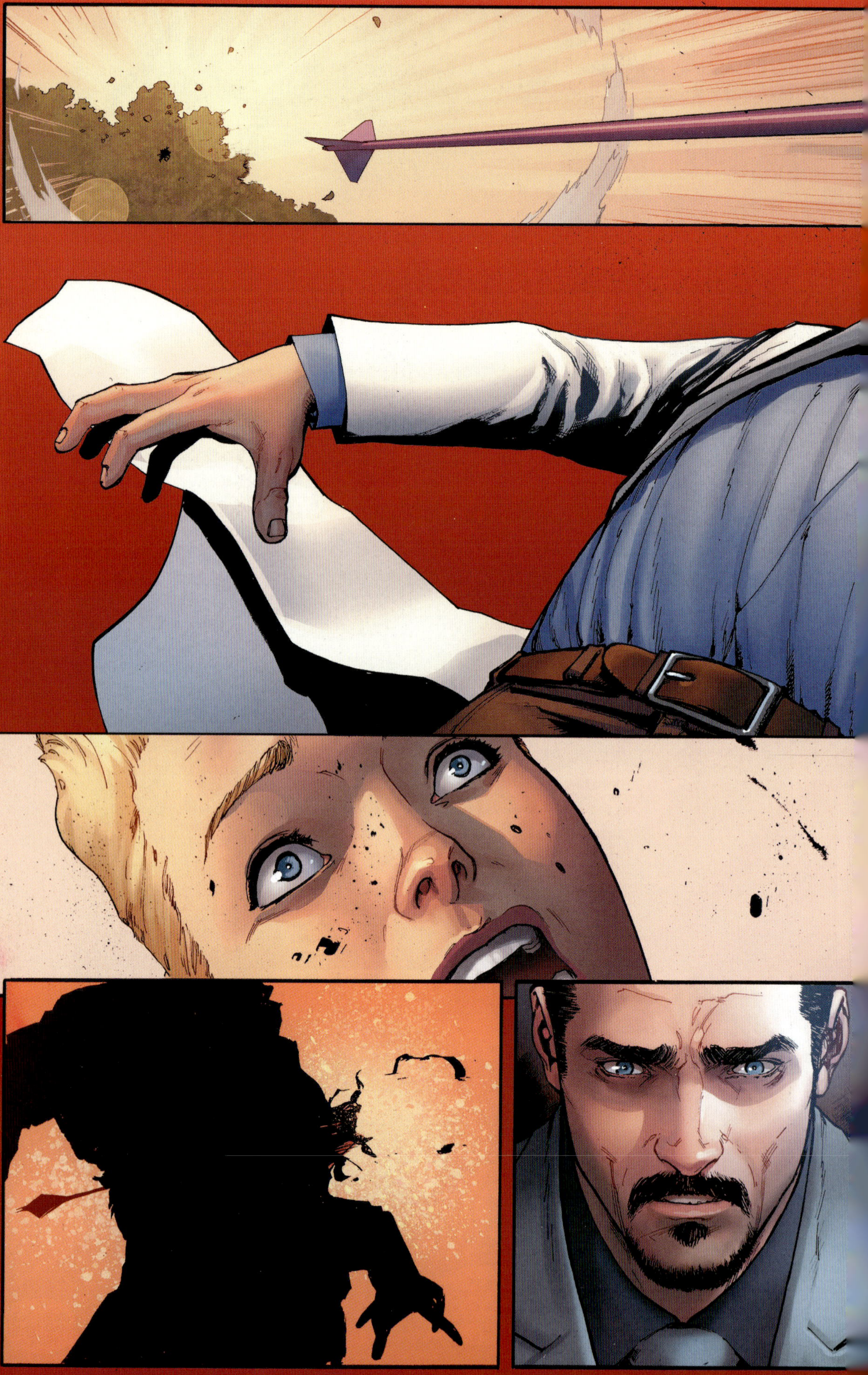

CHUCK
QUE S'EST-IL PASSÉ ENSUITE ?
D'APRÈS VOUS ?
ÇA A ÉTÉ LA PANIQUE.

THOR, LES ARBRES !
ARRÊTEZ.
TONY...
J'ÉTAIS VENU POUR L'AIDER !
J'ÉTAIS VENU POUR T'EMPÊCHER DE FAIRE QUELQUE CHOSE DE CE GENRE !
C'EST MON AMI !
TOI...
POURQUOI ?

ET VOUS VOYEZ CET HOMME DANS CE TRIBUNAL ?
OUI.
POUVEZ-VOUS LE DÉSIGNER ?
IL EST LÀ.
CLINT BARTON.
HAWKEYE.

ET LE S.H.I.E.L.D., VOUS, LES AUTRES HÉROS, AVEZ-VOUS DEMANDÉ À CLINT BARTON POURQUOI IL AVAIT PRIS SUR LUI D'ÊTRE JUGE ET BOURREAU DE BANNER ?
OUI.
ON A TOUS DEMANDÉ.
ET QU'A-T-IL DIT ?
PROCÈS DE HAWKEYE
L'ASSASSIN DE HULK JUGÉ ; LE COL. DANVERS TÉMOIGNE
CLINT, TU AS FAIT QUOI, LÀ ?!
AVENGERS, X-MEN, INHUMAINS...
... CECI EST OFFICIELLEMENT UNE SCÈNE DE CRIME FÉDÉRALE.
CLINT ! RÉPONDS-LUI !
CLINT, REGARDE-MOI...
POURQUOI ?
HEIN ?
PARCE QUE BRUCE BANNER ME L'A DEMANDÉ.
VACHE.
OUAIS...
LE DOCTEUR BANNER ÉTAIT VENU ME VOIR DES MOIS AUPARAVANT, DE FAÇON TRÈS SURPRENANTE, POUR ME DIRE...

CELA FAIT PRESQUE UN AN QUE JE NE SUIS PAS DEVENU HULK.
UNE ANNÉE ENTIÈRE ?
C'EST FANTASTIQUE.
C'EST QUOI ?
UNE ALLIANCE ?
UN PEU.
ÇA SERT À QUOI ?
À ME TUER.
SI JE REDEVIENS HULK...
... UN JOUR...
... JE VEUX QUE TU T'EN SERVES.

JE NE VAIS PAS TE TUER, BRUCE.
SI, TU LE FERAS, CLINT.
IL LE FAUDRA.
MOI ?
OUI, PARCE QUE TU ES L'UN DES RARES QUE JE CONNAISSE QUI, EN FIN DE COMPTE, ARRIVERA À VIVRE AVEC CE CHOIX.
HM, C'EST ÉTRANGEMENT INSULTANT.
NON.
JE TE LE PROMETS.
JE SUIS EN TRAIN DE TE DIRE QUE JE TE CONFIE MA VIE.
SI ÇA FAIT PRESQUE UN AN...
... PEUT-ÊTRE... QUE C'EST DERRIÈRE TOI.
JE RÊVE DE LUI.
JE RÊVE DE RAGE.
JE ME RÉVEILLE AVEC LE GOÛT DU SANG DANS MA BOUCHE.
JE ME RÉVEILLE SANS SAVOIR VRAIMENT SI C'EST ARRIVÉ OU PAS.
PARFOIS, JE DOIS ALLUMER LES INFOS POUR EN ÊTRE SÛR.
ET JE SAIS, TU SAIS... TOUT LE MONDE SAIT QU'UN JOUR, ÇA PEUT NE PAS ÊTRE UN RÊVE.
ET SI ÇA ARRIVE...
... ÇA VOUDRA DIRE QUE J'AI TOUT ESSAYÉ ET QUE RIEN N'A FONCTIONNÉ.
JE VEUX QUE TU ME PROMETTES QUE TU M'ARRÊTERAS UNE FOIS POUR TOUTES.

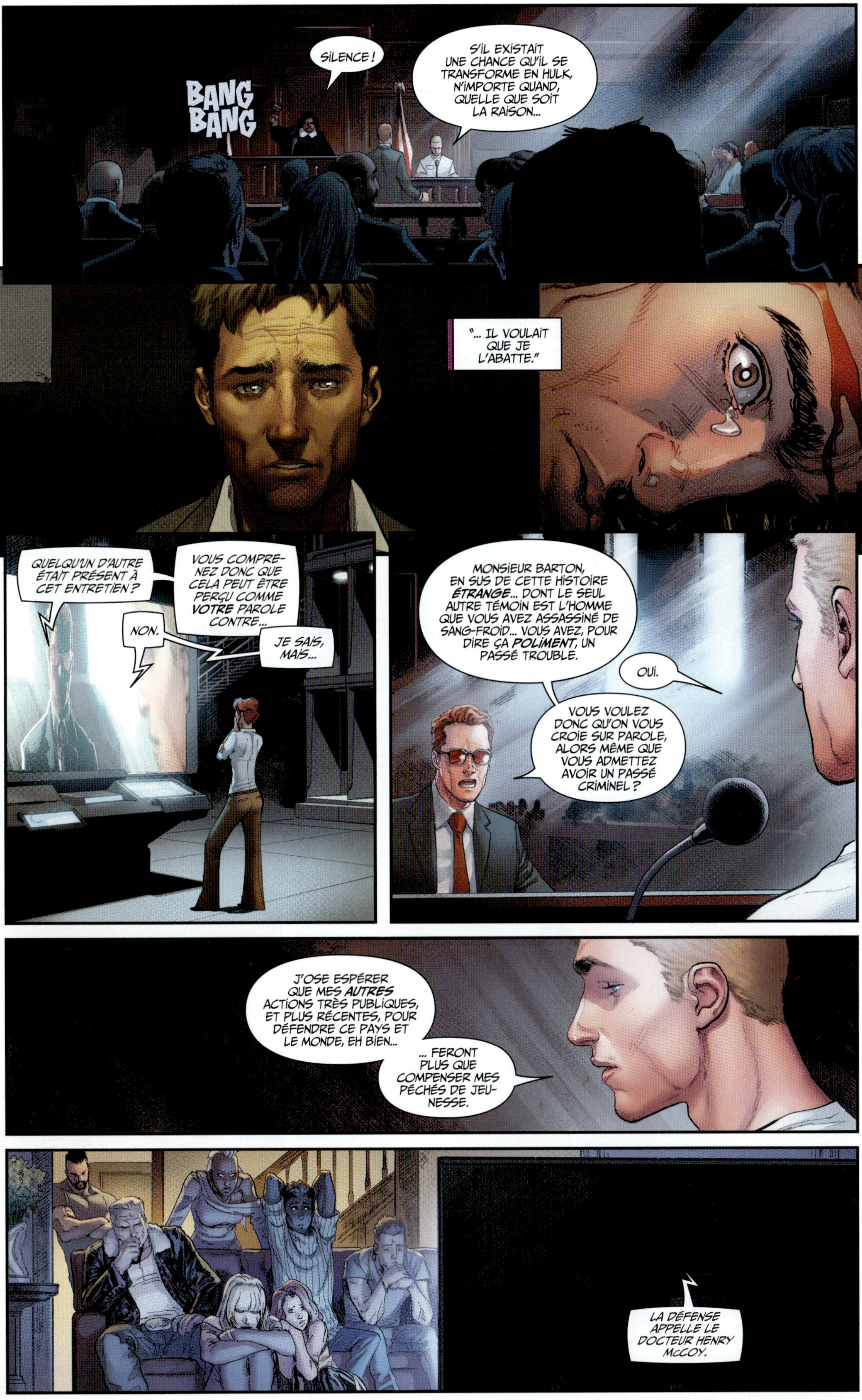
BANG BANG
SILENCE !
S'IL EXISTAIT UNE CHANCE QU'IL SE TRANSFORME EN HULK, N'IMPORTE QUAND, QUELLE QUE SOIT LA RAISON...
"... IL VOULAIT QUE JE L'ABATTE."
QUELQU'UN D'AUTRE ÉTAIT PRÉSENT À CET ENTRETIEN ?
VOUS COMPRENEZ DONC QUE CELA PEUT ÊTRE PERÇU COMME VOTRE PAROLE CONTRE...
NON.
JE SAIS, MAIS...
MONSIEUR BARTON, EN SUS DE CETTE HISTOIRE ÉTRANGE... DONT LE SEUL AUTRE TÉMOIN EST L'HOMME QUE VOUS AVEZ ASSASSINÉ DE SANG-FROID... VOUS AVEZ, POUR DIRE ÇA POLIMENT, UN PASSÉ TROUBLE.
OUI.
VOUS VOULEZ DONC QU'ON VOUS CROIE SUR PAROLE, ALORS MÊME QUE VOUS ADMETTEZ AVOIR UN PASSÉ CRIMINEL ?
J'OSE ESPÉRER QUE MES AUTRES ACTIONS TRÈS PUBLIQUES, ET PLUS RÉCENTES, POUR DÉFENDRE CE PAYS ET LE MONDE, EH BIEN...
... FERONT PLUS QUE COMPENSER MES PÉCHÉS DE JEUNESSE.
LA DÉFENSE APPELLE LE DOCTEUR HENRY McCOY.

LA POINTE DE FLÈCHE SPÉCIALE UTILISÉE POUR TUER BRUCE BANNER EST, D'APRÈS LES NOTES TROUVÉES SUR SON SERVEUR SÉCURISÉ, UNE *INVENTION* DE BRUCE BANNER.
ET D'APRÈS CE JOURNAL VIDÉO...?
PAR LA PRÉSENTE, J'INDIQUE...
... QUE J'AI PRIS SUR MOI DE DEMANDER À CLINT BARTON DE RENDRE UN SERVICE AU MONDE...
MAIS IL N'EST *PAS DEVENU HULK*...
IL *ALLAIT* LE FAIRE.
VOUS ÊTES LE SEUL À AVOIR VU ÇA.
JE ME TENAIS JUSTE À CÔTÉ DE LUI.
JE N'AI PAS VU HULK.
J'AI VU UN HOMME ÊTRE TRAHI PAR SES PAIRS.
JE VOIS LES CHOSES DIF-FÉREMMENT. MON ACUITÉ VISUELLE EST MEILLEURE.
C'EST POUR ÇA QUE JE SUIS SI BON ARCHER. POUR ÇA QUE BANNER M'A CHOISI.
IL *ÉTAIT* AGITÉ. SES YEUX VIRAIENT AU VERT.
ET VOUS... VOUS VENEZ *CHEZ MOI ET VOUS M'ACCUSEZ DE*...
"LA VISION ALLAIT SE RÉALISER."

MAIS SI VOUS ME POSEZ LA QUESTION, JE SUIS **SÛRE** QUE CE QUI EST ARRIVÉ CE JOUR-LÀ... A SAUVÉ DES VIES. LES VIES DE NOMBREUX SOLDATS, DE HÉROS.
ET LE VŒU MÊME DE BANNER A ÉTÉ RÉALISÉ.
JE NE SAVAIS PAS QUE BARTON ALLAIT FAIRE ÇA. ÇA N'ÉTAIT PAS LE PLAN. JE NE L'AI PAS VU PARTIR VERS LES ARBRES...
PROCÈS DE HAWKEYE
L'ASSASSIN DE HULK JUGÉ ; LE COL. DANVERS TÉMOIGNE
UNN
... MAIS JE SAIS, AU FOND DE MON CŒUR, QUE DES VIES ONT ÉTÉ SAUVÉES GRÂCE À LUI.
OUI.
OH OUI.
AVEC UN GRAND SUCCÈS.
ET CE JEUNE INHUMAIN QUI A DES VISIONS DU FUTUR, VOUS FAITES APPEL À SES POUVOIRS DEPUIS LA MORT DE BANNER ?
PROCÈS DE HAWKEYE
L'ASSASSIN DE HULK JUGÉ
DÉFINISSEZ CE SUCCÈS.

"GRÂCE À L'INHUMAIN, NOUS AVONS EMPÊCHÉ UNE DIZAINE D'INCIDENTS AVANT QU'ILS NE SURVIENNENT.
"VOUS ME PARDONNEREZ DE NE PAS ENTRER DANS LES DÉTAILS.
"IL Y A PARMI CES SITUATIONS DES CAS DE SÉCURITÉ NATIONALE. IL Y A DES ENQUÊTES EN COURS..."
NEW YO

STOCK EXCHANGE
"ET CERTAINES DE CES PRÉDICTIONS SE SONT-ELLES AVÉRÉES FAUSSES ?"
"EH BIEN NON. PAS VRAIMENT."
"L'UNE DE CES AUTRES VISIONS A-T-ELLE CRÉÉ UNE SITUATION SEMBLABLE À CELLE-CI ?"
"COMME CELLE-CI ? NON."
"Y A-T-IL EU D'AUTRES VICTIMES, POUVANT RAPPELER CE QUI EST ARRIVÉ À BANNER ?"
"EH BIEN, NON. NON. SOUVENEZ-VOUS... PERSONNE N'ÉTAIT LÀ POUR TUER BRUCE BANNER SI CE N'EST, SEMBLE-T-IL... BRUCE BANNER."
"C'EST UN IMMENSE TAS DE ME$%E DE NIVEAU COSMIQUE !"

JE SAIS QUE JE NE SUIS PAS LÀ POUR TÉMOIGNER QUE HAWKEYE A TUÉ BANNER. IL L'AVOUE.
MAIS MON AMI A ÉTÉ ASSASSINÉ.
IL A TUÉ UN HÉROS... UN MEMBRE FONDATEUR DES AVENGERS A ÉTÉ ASSASSINÉ DEVANT CHEZ LUI.
JE COMPRENDS VOTRE ÉMOTION, MONSIEUR STARK, MAIS CONCENTRONS-NOUS SUR LES QUESTIONS QUI...
VOUS NE POSEZ PAS LES BONNES QUESTIONS.
ÇA N'EST PAS ÇA QUE NOUS SOMMES CENSÉS FAIRE.
ON EST CENSÉS ÊTRE DES GARDIENS, ON EST CENSÉS PROTÉGER, DÉFENDRE, VENGER !
ON FAIT QUOI, LÀ ?!
ON REND DES COMPTES !
C'EST ARRIVÉ PAR TA FAUTE, DANVERS.
TU ES INJUSTE.
TU COURAIS APRÈS ÇA !
TU N'AS PAS PU T'EMPÊCHER D'ALLER AU BOUT ET VOILÀ, NOUS AVONS ENCORE PERDU L'UN DES NÔTRES.
QUI SERA LE PROCHAIN SUR TA LISTE, DANVERS ?!

MÉDUSA, JE... POUR L'INSTANT...
PARTEZ AVEC ULYSSE.
JE SUIS D'ACCORD.
JE... JE SUIS DÉSOLÉ.
NON !
TOUT ÇA... C'EST... ÇA N'EST PAS À TOI DE DÉCIDER DE TOUT ÇA !
LES GARS, ON FAIT QUOI ?
C'EST... C'EST CINGLÉ.
JE... JE CROIS QUE JE SUIS AVEC IRON MAN.
MOI AUSSI.
TONY, LAISSONS LE S.H.I.E.L.D. FAIRE CE QU'IL A À FAIRE ICI.
IL N'Y A PAS DE DEMI-TOUR POSSIBLE, DANVERS. IL A ASSASSINÉ UN AVENGER !
ILS VONT L'ENTERRER POUR ÇA !
ET ENSUITE, ILS T'ENTERRERONT, TOI, POUR LUI AVOIR FORCÉ LA MAIN.
"LE JURY A-T-IL ABOUTI À UN VERDICT ?"
"OUI, VOTRE HONNEUR."
L'ACCUSÉ VEUT-IL BIEN SE LEVER ?
LE VERDICT.
MERCI.
"ILS S'APPRÊTENT À LIRE LE VERDICT."

TONY ?
J'AI ENTENDU, MJ.
VOUS NE VOULEZ PAS ENTENDRE LE VERDICT ?
JE CONNAIS LE VERDICT.
AH ?
JE SUIS UN GÉNIE FUTURISTE.
C'EST PLUS FORT QUE MOI.
VOUS NE VOULEZ PAS REGARDER, JUSTE AU CAS OÙ VOUS NE SERIEZ PAS AUSSI MALIN QUE VOUS PENSEZ ?
OU BIEN... VOULEZ-VOUS DÉCOUVRIR COMMENT FONCTIONNE LA FACULTÉ DE "VOIR L'AVENIR" DE CE NOUVEL INHUMAIN ?
FRIDAY ?
NE TE MOQUE PAS DE MOI.
JE NE SUIS PAS PROGRAMMÉE POUR ME MOQUER DE VOUS.
LES CALCULS SUR L'ACTIVITÉ DU CERVEAU D'ULYSSE SONT LOIN D'ÊTRE ACHEVÉS, MAIS JE CROIS... JE SAIS COMMENT SES VISIONS FONCTIONNENT.
MONTRE-MOI.
OH MON DIEU.
ÇA... C'EST NOTRE FUTUR.
C'EST QUOI ?

GUERRE CIVILE II (4)

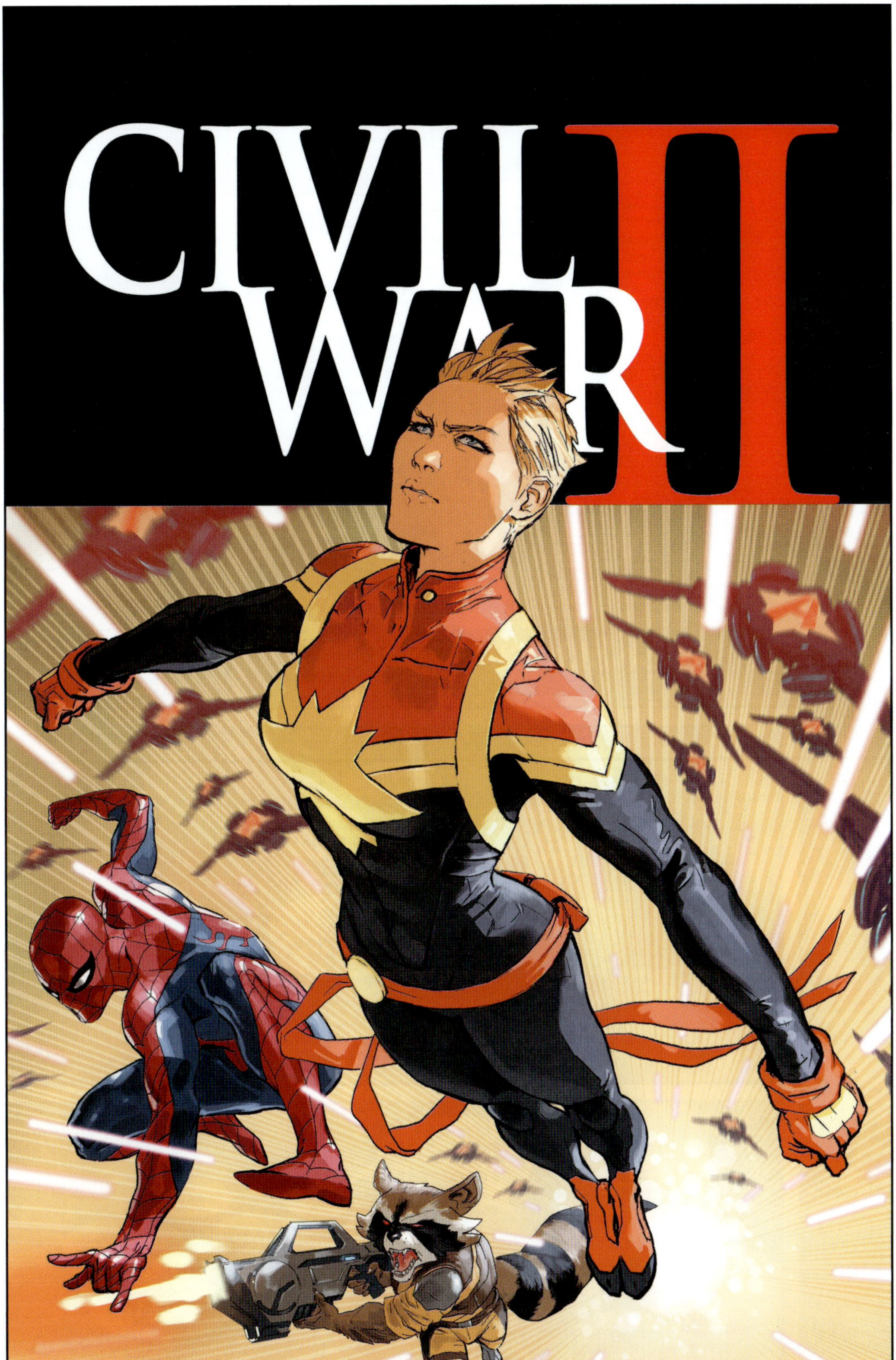

Civil War II (2016) 4
Couverture : **MARKO DJURDJEVIC**

CAPTAIN MARVEL.
TU ES AU COURANT ?
J'ÉTAIS AU TRIBUNAL, T'CHALLA.
TU VEUX QU'ON EN PARLE, CAPTAIN, OU BIEN...?
NOUS T'ATTENDIONS.
ELLE EST RÉVEILLÉE ? QUELQU'UN LUI A PARLÉ ?
LE TRISKÉLION.
Q.G. DES ULTIMATES.
JENNIFER.
AH, TE VOILÀ.
ET TE VOILÀ.
TU AS HIBERNÉ BIEN LONGTEMPS, MON AMIE.
TU TE SOUVIENS DE CE QUI S'EST PASSÉ ? DE CE QUI T'EST ARRIVÉ ?
OUI.
GRAVE.
THANOS.
ÇA A MAL TOURNÉ.
J'AI... J'AI PLONGÉ LONGTEMPS ?
PERSONNE NE VEUT ME PARLER.

JE VOULAIS QUE CE SOIT MOI QUI TE PARLE.
POURQUOI ? JE PEUX SORTIR ?
IL Y A UNE CHOSE...
QUE S'EST-IL PASSÉ ?
C'EST BRUCE, JENNIFER.
BRUCE BANNER ? MON COUSIN BRUCE BANNER ?
IL... N'EST PLUS LÀ.
IL EST RETOURNÉ DANS L'ESPACE ?
NON, JENNIFER.
IL EST... MORT.
NON.
JE SUIS NAVRÉE.
MAIS NON.
C'EST HULK.
VRAIMENT NAVRÉE, JENNIFER.
COMMENT ?
HAWKEYE.
HAWKEYE ?
C'EST... NON, LÀ, C'EST IMPOSSIBLE.
JE L'AI VU. J'ÉTAIS LÀ.
ET TU... T'ES RÉVEILLÉE JUSTE À TEMPS.
OÙ EST-IL ?
C'EST CE QUE JE T'EXPLIQUE : ON L'A ARRÊTÉ. ON L'A JUGÉ.
ET ?
TU AS DORMI LONGTEMPS...
... TU T'ES RÉVEILLÉE JUSTE À TEMPS POUR LE VERDICT.
IL VIENT DE TOMBER, LITTÉRALEMENT.
ET ?

ET?
ET?
ET?!

BREAKING NEWS
HAWKEYE EST LIBRE
UNN
ARTON ACQUITTÉ... L'ASSASSIN DE HULK EST

EST-CE QUE VOUS AVEZ **DÉJÀ** VU ÇA ?
NON, BIEN SÛR.
C'EST POUR ÇA QUE LE PAYS TOUT ENTIER, LE **MONDE**, EST RIVÉ À CE PROCÈS.
ET... ET ÇA, JE TROUVE ÇA **TRÈS** INTÉRESSANT... LE NOUVEAU SONDAGE **UNN / DAILY BUGLE** NOUS INDIQUE QUE 87 % DES AMÉRICAINS SONT EN FAIT **D'ACCORD** AVEC LE VERDICT.
ALORS MÊME QUE BARTON A QUASIMENT **AVOUÉ** SON CRIME.
LE PROBLÈME, ÇA N'EST PAS **QU'IL** AIT **TUÉ**... C'EST **QUI** IL A TUÉ, ET POURQUOI.
CERTAINS VOIENT ÇA COMME UN SUICIDE ASSISTÉ.
UNE EUTHANASIE.

ET D'AUTRES, SEMBLE-T-IL, SONT TOUT SIMPLEMENT RAVIS D'ÊTRE DÉBARRASSÉS DE HULK UNE FOIS POUR TOUTES.
ET ÇA... ÇA, ÇA ME SURPREND.
MA FOI, IMAGINEZ, POUR QUELQU'UN QUI VIT DANS L'ARIZONA OU LE NOUVEAU-MEXIQUE... LA MORT DE HULK NE PEUT ÊTRE QU'UN SOULAGEMENT.
J'AI ÉTÉ CHOQUÉ PAR LE NOMBRE DE GENS QUI PENSAIENT QUE LA LIBERTÉ DE HULK ÉTAIT UN COMPLOT VENANT DE LA COMMUNAUTÉ DES SUPER-HÉROS.
OUI, ÇA M'A PRIS DE COURT, MOI AUSSI. VOILÀ CETTE THÉORIE INVALIDÉE POUR DE BON, J'IMAGINE.
JE VAIS VOUS DIRE CE DONT J'AI L'IMPRESSION... J'AI L'IMPRESSION QUE CLINT BARTON EST DEVENU L'UN DES SUPER-HÉROS LES PLUS POPULAIRES AU MONDE.
ET JE PENSE QUE NOUS SOMMES TOUS IMPATIENTS D'ENTENDRE LES RÉACTIONS DES AUTRES MEMBRES FONDATEURS DES AVENGERS.
INCROYABLE QU'IL N'Y AIT PAS DÉJÀ EU UNE DÉCLARATION.
BREAKING NEWS
HAWKEYE EST LIBRE
UNN
BREAKING NEWS
HAWKEYE EST LIBRE
UNN
HAWKEYE EST LIBRE
UNN
JE VEUX SAVOIR CE QUE PENSE TONY STARK.
OH MON DIEU, OUI ! IL AVAIT L'AIR SUR LE POINT D'EXPLOSER, À LA BARRE.
IL A SANS DOUTE VU SES DERNIÈRES PRÉVISIONS DE COTATION.
ÉCOUTEZ, IL N'Y A QU'UNE CHOSE EN CE MONDE DONT JE SOIS CERTAIN...

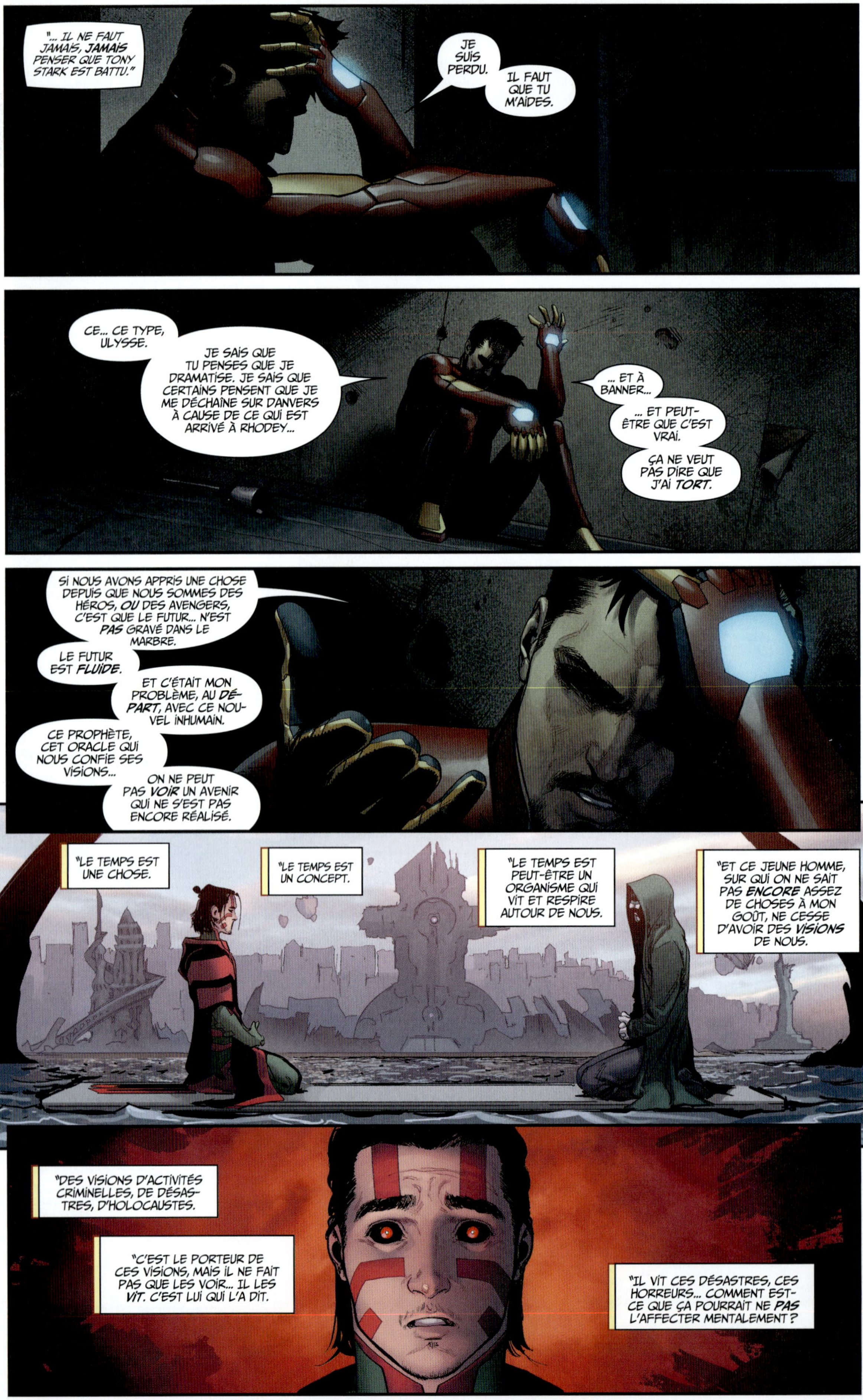
"... IL NE FAUT JAMAIS, JAMAIS PENSER QUE TONY STARK EST BATTU."
JE SUIS PERDU.
IL FAUT QUE TU M'AIDES.
CE... CE TYPE, ULYSSE.
JE SAIS QUE TU PENSES QUE JE DRAMATISE. JE SAIS QUE CERTAINS PENSENT QUE JE ME DÉCHAÎNE SUR DANVERS À CAUSE DE CE QUI EST ARRIVÉ À RHODEY...
... ET À BANNER...
... ET PEUT-ÊTRE QUE C'EST VRAI.
ÇA NE VEUT PAS DIRE QUE J'AI TORT.
SI NOUS AVONS APPRIS UNE CHOSE DEPUIS QUE NOUS SOMMES DES HÉROS, OU DES AVENGERS, C'EST QUE LE FUTUR... N'EST PAS GRAVÉ DANS LE MARBRE.
LE FUTUR EST FLUIDE.
ET C'ÉTAIT MON PROBLÈME, AU DÉPART, AVEC CE NOUVEL INHUMAIN.
CE PROPHÈTE, CET ORACLE QUI NOUS CONFIE SES VISIONS...
ON NE PEUT PAS VOIR UN AVENIR QUI NE S'EST PAS ENCORE RÉALISÉ.
"LE TEMPS EST UNE CHOSE.
"LE TEMPS EST UN CONCEPT.
"LE TEMPS EST PEUT-ÊTRE UN ORGANISME QUI VIT ET RESPIRE AUTOUR DE NOUS.
"ET CE JEUNE HOMME, SUR QUI ON NE SAIT PAS ENCORE ASSEZ DE CHOSES À MON GOÛT, NE CESSE D'AVOIR DES VISIONS DE NOUS.
"DES VISIONS D'ACTIVITÉS CRIMINELLES, DE DÉSASTRES, D'HOLOCAUSTES.
"C'EST LE PORTEUR DE CES VISIONS, MAIS IL NE FAIT PAS QUE LES VOIR... IL LES VIT. C'EST LUI QUI L'A DIT.
"IL VIT CES DÉSASTRES, CES HORREURS... COMMENT EST-CE QUE ÇA POURRAIT NE PAS L'AFFECTER MENTALEMENT ?

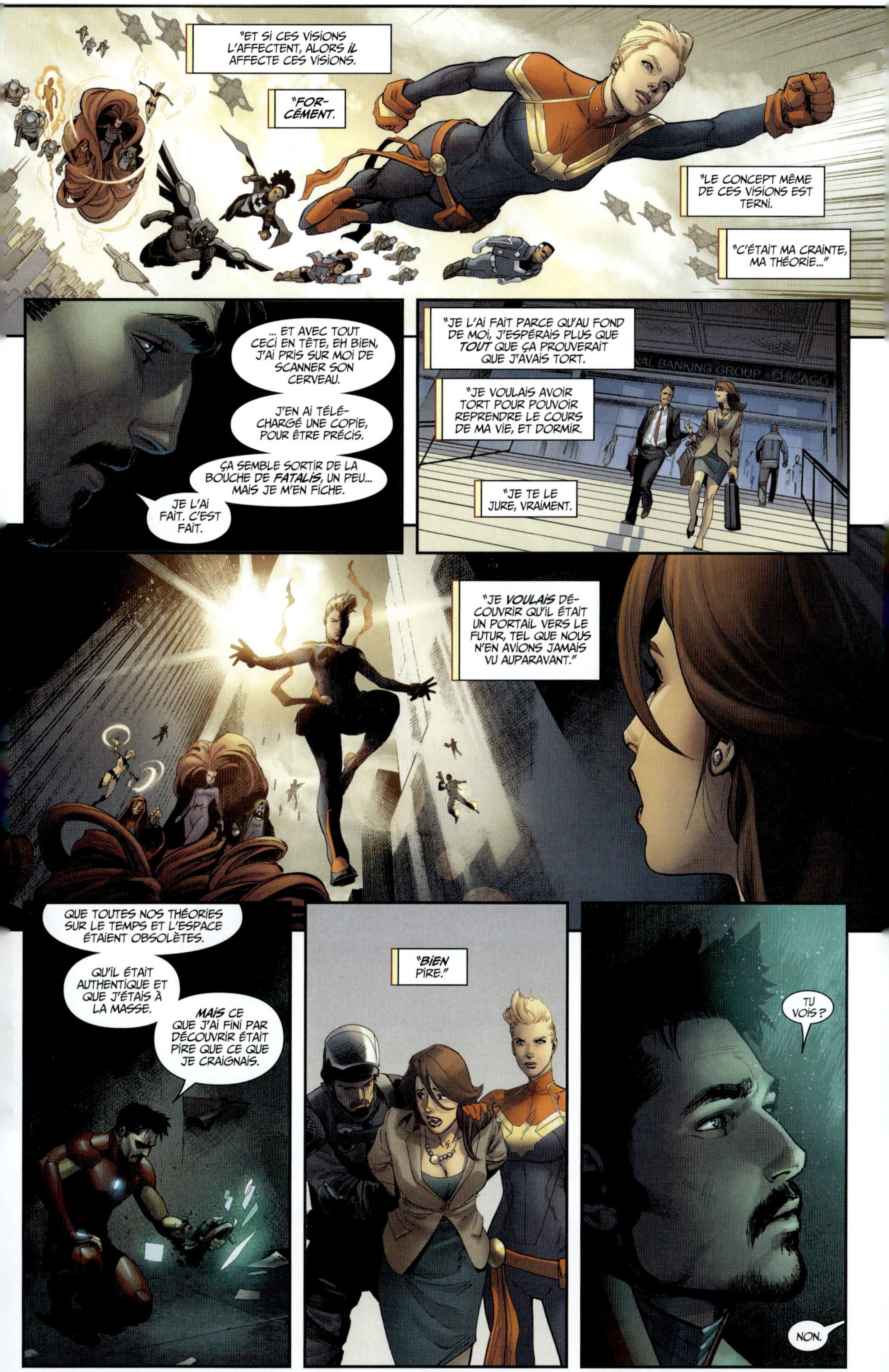
"ET SI CES VISIONS L'AFFECTENT, ALORS *IL* AFFECTE CES VISIONS.
"FOR-CÉMENT.
"LE CONCEPT MÊME DE CES VISIONS EST TERNI.
"C'ÉTAIT MA CRAINTE, MA THÉORIE..."
... ET AVEC TOUT CECI EN TÊTE, EH BIEN, J'AI PRIS SUR MOI DE SCANNER SON CERVEAU.
J'EN AI TÉLÉ-CHARGÉ UNE COPIE, POUR ÊTRE PRÉCIS.
ÇA SEMBLE SORTIR DE LA BOUCHE DE *FATALIS*, UN PEU... MAIS JE M'EN FICHE.
JE L'AI FAIT. C'EST FAIT.
"JE L'AI FAIT PARCE QU'AU FOND DE MOI, J'ESPÉRAIS PLUS QUE *TOUT* QUE ÇA PROUVERAIT QUE J'AVAIS TORT.
"JE VOULAIS AVOIR TORT POUR POUVOIR REPRENDRE LE COURS DE MA VIE, ET DORMIR.
"JE TE LE JURE, VRAIMENT.
"JE *VOULAIS* DÉ-COUVRIR QU'IL ÉTAIT UN PORTAIL VERS LE FUTUR, TEL QUE NOUS N'EN AVIONS JAMAIS VU AUPARAVANT."
QUE TOUTES NOS THÉORIES SUR LE TEMPS ET L'ESPACE ÉTAIENT OBSOLÈTES.
QU'IL ÉTAIT AUTHENTIQUE ET QUE J'ÉTAIS À LA MASSE.
MAIS CE QUE J'AI FINI PAR DÉCOUVRIR ÉTAIT PIRE QUE CE QUE JE CRAIGNAIS.
"*BIEN* PIRE."
TU VOIS ?
NON.

C'EST LE CERVEAU DU PETIT.
POUR FAIRE SIMPLE : LE CERVEAU DU PETIT, TOUT SON CORPS EN FAIT, ABSORBE TOUT ET...
TOUT ?
JE PRÉCISE... IL PEUT ABSORBER TOUTES LES... LES DONNÉES ET LES ÉNERGIES QUI PARCOURENT LE MONDE ENTIER.
LES DONNÉES VENANT DE CHAMPS D'ÉNERGIE DONT NOUS IGNORIONS MÊME L'EXISTENCE...
TU ME PERDS, LÀ.
TOUT DANS CE MONDE DÉGAGE DE L'ÉNERGIE. TOUT ET CHACUN D'ENTRE NOUS.
CE JEUNE HOMME ABSORBE TOUT ÇA ET... ET NOUS LE RECRACHE...
... SOUS LA FORME DE CES VISIONS.
"UNE VISION *THÉORIQUE* DU FUTUR."
IL NE VOIT PAS *L'AVENIR* PARCE QU'IL N'EXISTE PAS ENCORE.
IL CRÉE UN ALGORITHME POUR PRÉDIRE UN FUTUR *POSSIBLE*.
OUI ! PEUT-ÊTRE UN FUTUR *TRÈS* POSSIBLE.
MAIS, ET C'EST ÇA QU'IL FAUT QUE TU ENTENDES, ÇA N'EST QU'UN *ALGORITHME*.
DES MATHS.
DE LA *MÉTÉO*.

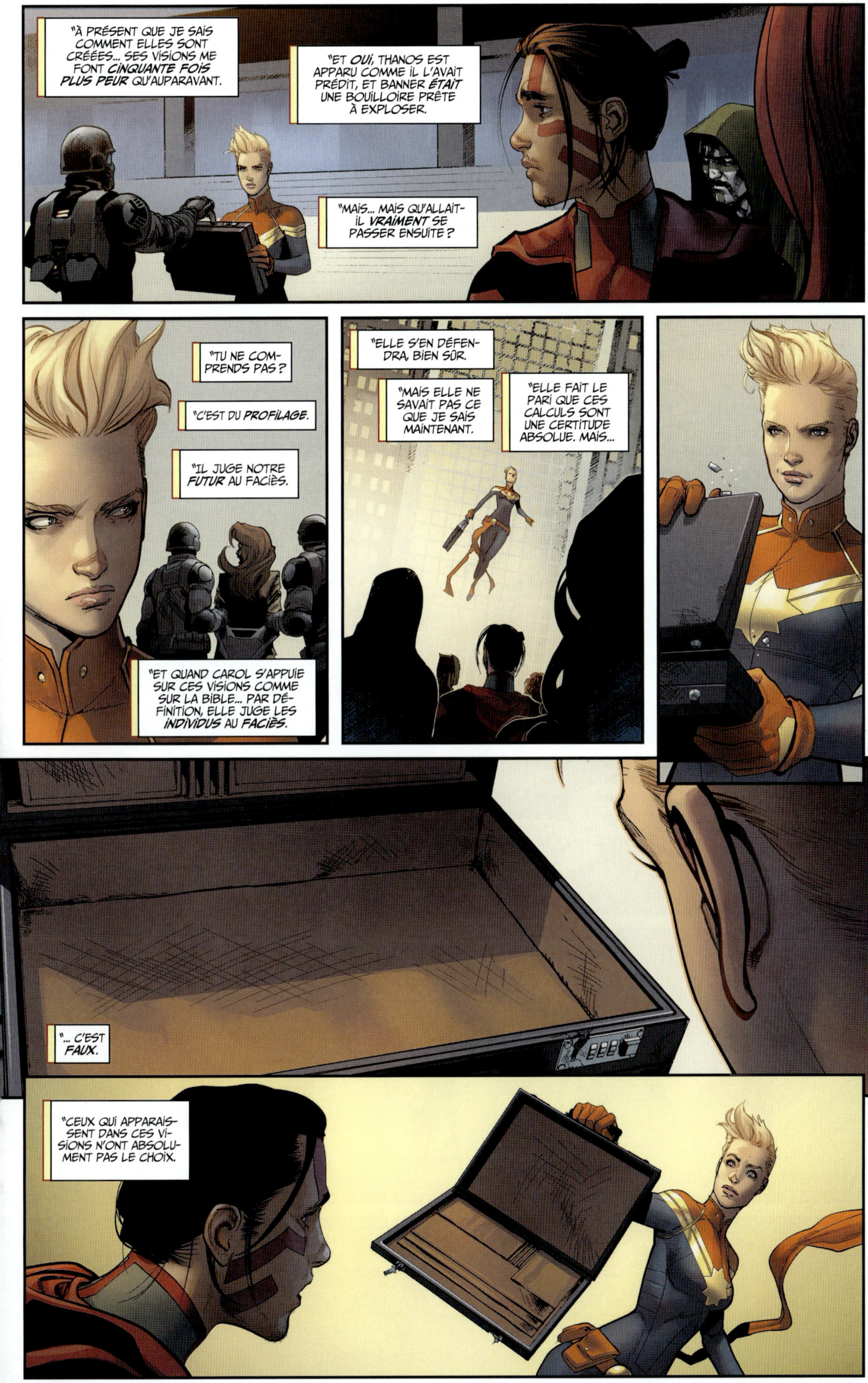
"À PRÉSENT QUE JE SAIS COMMENT ELLES SONT CRÉÉES... SES VISIONS ME FONT CINQUANTE FOIS PLUS PEUR QU'AUPARAVANT.
"ET OUI, THANOS EST APPARU COMME IL L'AVAIT PRÉDIT, ET BANNER ÉTAIT UNE BOUILLOIRE PRÊTE À EXPLOSER.
"MAIS... MAIS QU'ALLAIT-IL VRAIMENT SE PASSER ENSUITE ?
"TU NE COMPRENDS PAS ?
"C'EST DU PROFILAGE.
"IL JUGE NOTRE FUTUR AU FACIÈS.
"ET QUAND CAROL S'APPUIE SUR CES VISIONS COMME SUR LA BIBLE... PAR DÉFINITION, ELLE JUGE LES INDIVIDUS AU FACIÈS.
"ELLE S'EN DÉFENDRA, BIEN SÛR.
"MAIS ELLE NE SAVAIT PAS CE QUE JE SAIS MAINTENANT.
"ELLE FAIT LE PARI QUE CES CALCULS SONT UNE CERTITUDE ABSOLUE. MAIS...
"... C'EST FAUX.
"CEUX QUI APPARAISSENT DANS CES VISIONS N'ONT ABSOLUMENT PAS LE CHOIX.

"CE QUE JE DIS, C'EST QUE LE LIBRE ARBITRE EST ÉLIMINÉ DES CHOIX QUI SONT FAITS.
"JE DIS QUE SI ON LAISSE LA DÉCISION AUX VISIONS DE CE GOSSE... PERSONNE DANS CES VISIONS N'EST RESPONSABLE DE CE QU'IL FAIT.
"ET SI NOUS NE SOMMES PAS TOUS RESPONSABLES DE NOS ACTES, QUI SOMMES-NOUS ?"
ET SI NOUS SOMMES OFFICIELLEMENT DANS UN MONDE D'ALGORITHMES ET DE PROBABILITÉS...
... QUELLES SONT LES CHANCES QUE CES VISIONS SOIENT PURES ET AUTHENTIQUES ?
DEPUIS HULK, LES VISIONS DU PETIT DEVIENNENT PLUS PUISSANTES, LEUR INFLUENCE GRANDIT...
... À PRÉSENT, D'AUTRES PEUVENT AUSSI LES VIVRE.
"ÇA CHANGE TOUT ! C'EST ÉNORME !
"OÙ EST-CE QUE ÇA S'ARRÊTERA ?
"JUSQU'OÙ IRA-T-IL ?
"ET SI SON POUVOIR GRANDIT, SES VISIONS EN DEVIENNENT-ELLES PLUS PRÉCISES, OU MOINS ?"
ALORS, VOILÀ...
DIS-MOI... DIS-MOI QUE JE SUIS FOU.
DIS-MOI QUE J'AI TORT.
DIS-LE-MOI ET JE JURE DE LAISSER TOMBER.
SI TU ME DIS D'ARRÊTER... J'ARRÊTE.
PARCE QUE J'AI DÉCIDÉ, ENFIN, APRÈS TOUTES CES ANNÉES...

... J'AI DÉCIDÉ D'ÉCOUTER **STEVE ROGERS**.
TONY, ES-TU ABSOLUMENT, À CENT POUR CENT SÛR DE TOUT ÇA ?
EST-CE QUE JE VOUS AURAIS RASSEMBLÉS SI ÇA N'ÉTAIT PAS LE *CAS* ?
TU CROIS QUE J'AI ENVIE D'ÊTRE DANS LA MÊME PIÈCE QUE "MISS SHAMPOOING" APRÈS CE QUE SON PEUPLE A FAIT À MA VIE ?
MAIS... LÀ OÙ JE VEUX EN VENIR, STEVE... C'EST QUE LA DERNIÈRE FOIS QU'IL Y A EU UNE LIGNE MORALE AUSSI CLAIRE TRACÉE DANS LE SABLE ENTRE NOUS... ENTRE TOI ET MOI...
... JE NE VEUX PAS QU'UNE TELLE CHOSE SE REPRODUISE, JAMAIS.
NI AVEC TOI, NI AVEC ELLE, NI AVEC PERSONNE.
MAIS...
ELLE TE FORCE LA MAIN.
LES *FAITS* ME FORCENT LA MAIN !

CAROL ?
J'AIMERAIS QUE LE DOCTEUR HENRY McCOY VÉRIFIE TES NOUVELLES DÉCOUVERTES, STARK.
ET ÇA CHANGERA QUOI ?
JE TROUVERAI ÇA FIABLE.
JE L'AI DÉJÀ FAIT.
ÇA N'EST... PAS FAUX.
DONC... DEVANT NOUS TOUS, SACHANT CE QUE TU SAIS MAINTENANT...
CAROL...
... QU'EST-CE QUE TU VAS FAIRE ?

CE QUE JE VAIS FAIRE ?
UNE PERSONNE VIENT VERS TOI ET TE DIT : CE TYPE LÀ-BAS A UNE ARME, ET IL A DIT QU'IL ALLAIT OUVRIR LE FEU.
EST-CE QUE TU VAS VÉRIFIER OU EST-CE QUE TU TE DIS : BON, J'ATTENDS QU'IL OUVRE LE FEU POUR VOIR SI L'AUTRE TYPE AVAIT RAISON ?
80 POUR CENT ?
QUOI ?
60 POUR CENT ?
40 ?
QUEL POURCENTAGE DE PROBABILITÉ TROUVES-TU ACCEPTABLE POUR PRENDRE DES MESURES CONTRE CETTE VISION DU FUTUR ?
TONY...
ET SI JE TE DISAIS QU'IL N'Y A QUE DIX POUR CENT DE CHANCES QUE CETTE VISION SOIT JUSTE ?

TA QUESTION, C'EST : ET S'IL N'Y A QUE DIX POUR CENT DE CHANCES QUE THANOS METTE LA MAIN SUR UN CUBE COSMIQUE AVANT QU'ON L'ARRÊTE ?
C'EST *PLUS* QUE SUFFISANT POUR MOI.
VRAIMENT ?
CES VISIONS NE SONT PAS CE QUE TU PENSAIS, MAIS MALGRÉ TOUT...?
ET RHODEY SERAIT D'ACCORD.
JE LUI DEMANDERAIS BIEN, MAIS...
OK, MOI, J'AI FINI.
TONY, LÂCHE-MOI.
J'ARRIVE À COURT DE FAÇONS DE TE LE DIRE.
CAPTAIN...
SHABASSHHH

JE CONNAISSAIS LA PROBABILITÉ POUR QU'ELLE FASSE ÇA.
ELLE SOUFFRE AUSSI POUR RHODEY, TU SAIS.
CAP, EST-CE QUE JE SUIS CINGLÉ ?
PAS ENTIÈREMENT.
ÇA N'EST PAS À ELLE DE CHOISIR, NON ?
C'EST À TOI ?
APRÈS CE QUI EST ARRIVÉ À BANNER ?
JE VAIS ÊTRE OBLIGÉ DE RENDRE TOUT ÇA PUBLIC.
JE VAIS ÊTRE OBLIGÉ DE DIRE AUX GENS CE QU'ELLE FAIT ET DE QUOI IL S'AGIT.
"OBLIGÉ".

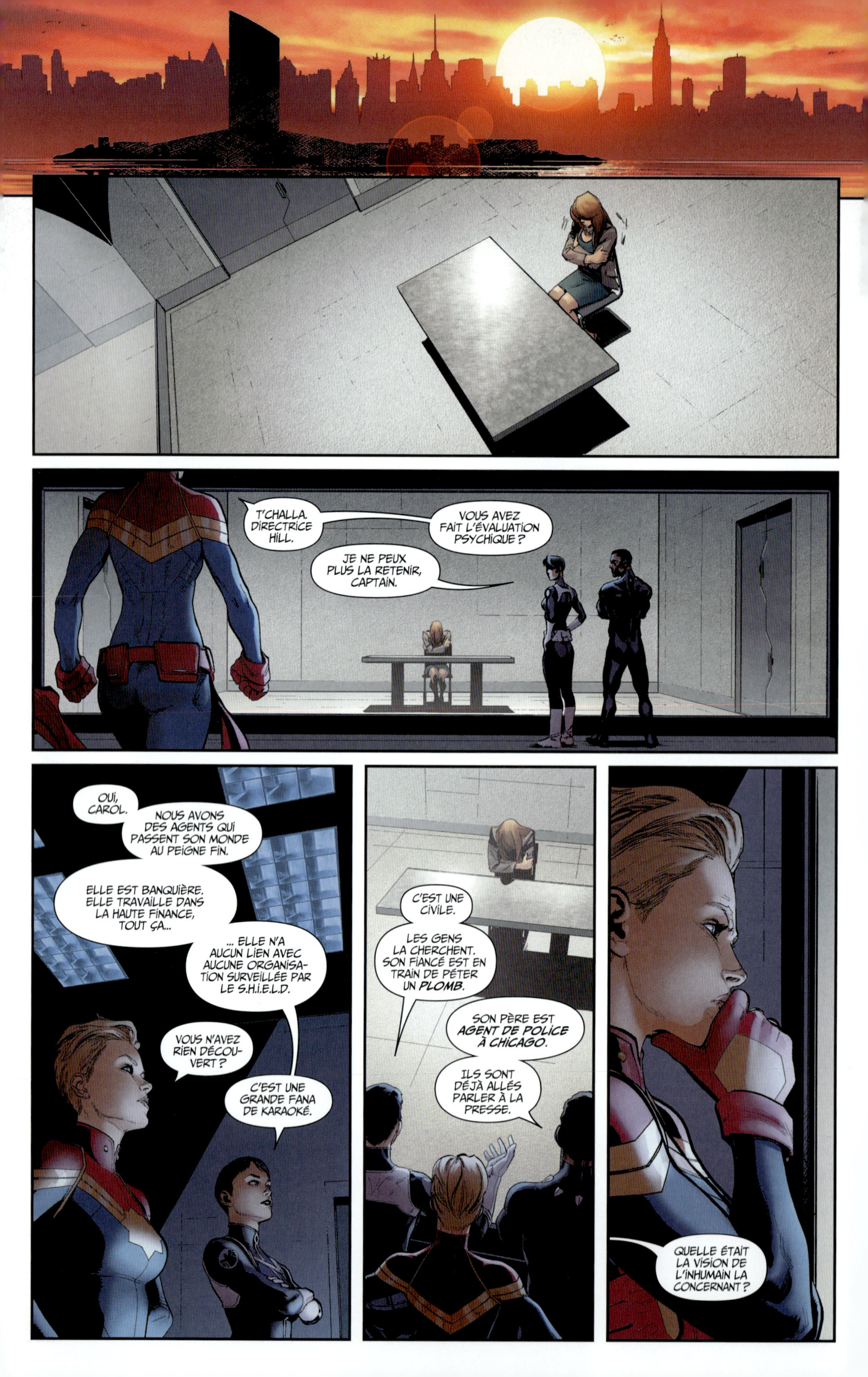
T'CHALLA. DIRECTRICE HILL.
VOUS AVEZ FAIT L'ÉVALUATION PSYCHIQUE ?
JE NE PEUX PLUS LA RETENIR, CAPTAIN.
OUI, CAROL.
NOUS AVONS DES AGENTS QUI PASSENT SON MONDE AU PEIGNE FIN.
ELLE EST BANQUIÈRE. ELLE TRAVAILLE DANS LA HAUTE FINANCE, TOUT ÇA...
... ELLE N'A AUCUN LIEN AVEC AUCUNE ORGANISATION SURVEILLÉE PAR LE S.H.I.E.L.D.
VOUS N'AVEZ RIEN DÉCOUVERT ?
C'EST UNE GRANDE FANA DE KARAOKÉ.
C'EST UNE CIVILE.
LES GENS LA CHERCHENT. SON FIANCÉ EST EN TRAIN DE PÉTER UN PLOMB.
SON PÈRE EST AGENT DE POLICE À CHICAGO.
ILS SONT DÉJÀ ALLÉS PARLER À LA PRESSE.
QUELLE ÉTAIT LA VISION DE L'INHUMAIN LA CONCERNANT ?

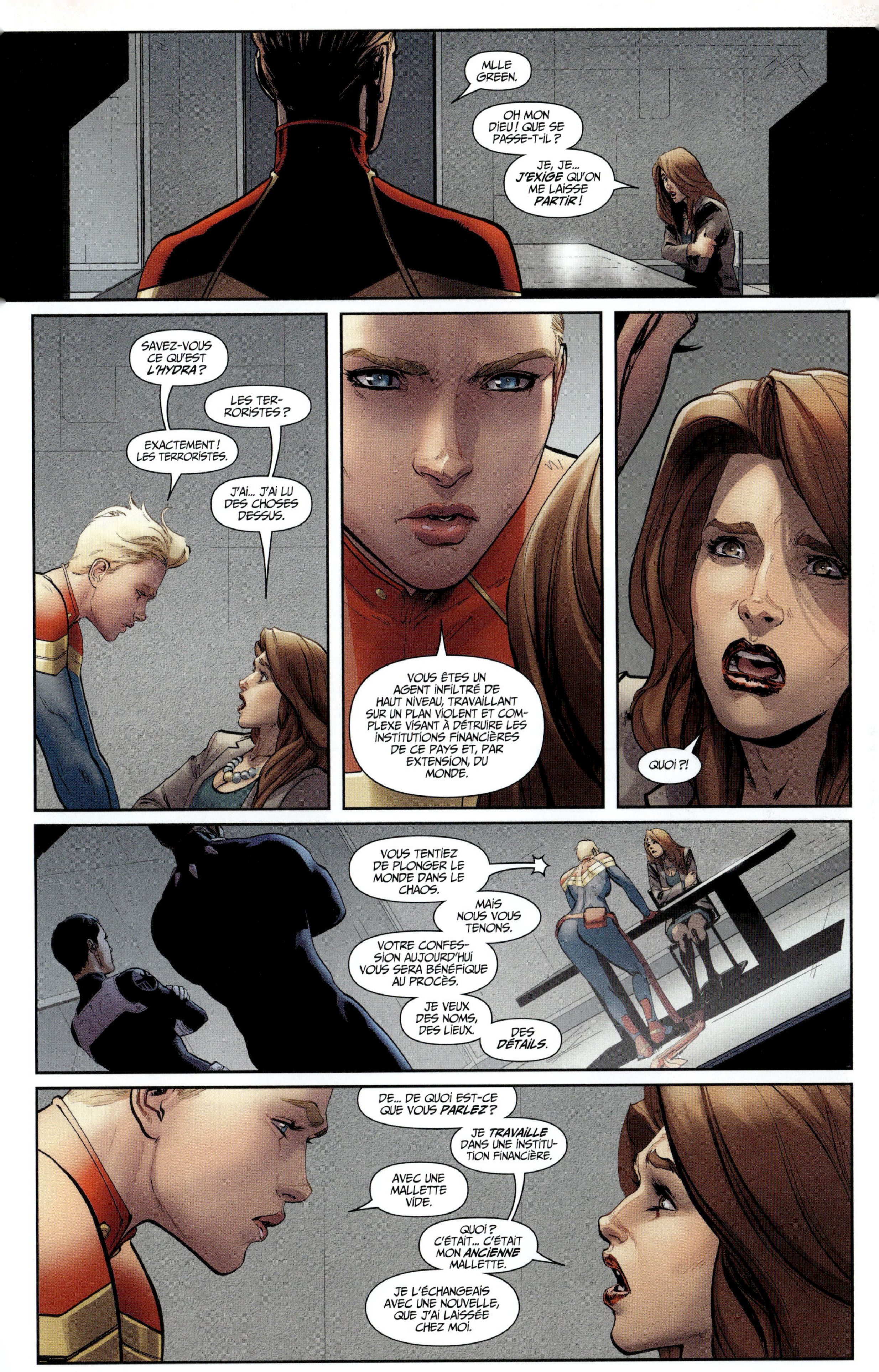
MLLE GREEN.
OH MON DIEU ! QUE SE PASSE-T-IL ?
JE, JE... J'EXIGE QU'ON ME LAISSE PARTIR !
SAVEZ-VOUS CE QU'EST L'HYDRA ?
LES TERRORISTES ?
EXACTEMENT ! LES TERRORISTES.
J'AI... J'AI LU DES CHOSES DESSUS.
VOUS ÊTES UN AGENT INFILTRÉ DE HAUT NIVEAU, TRAVAILLANT SUR UN PLAN VIOLENT ET COMPLEXE VISANT À DÉTRUIRE LES INSTITUTIONS FINANCIÈRES DE CE PAYS ET, PAR EXTENSION, DU MONDE.
QUOI ?!
VOUS TENTIEZ DE PLONGER LE MONDE DANS LE CHAOS.
MAIS NOUS VOUS TENONS.
VOTRE CONFESSION AUJOURD'HUI VOUS SERA BÉNÉFIQUE AU PROCÈS.
JE VEUX DES NOMS, DES LIEUX.
DES DÉTAILS.
DE... DE QUOI EST-CE QUE VOUS PARLEZ ?
JE TRAVAILLE DANS UNE INSTITUTION FINANCIÈRE.
AVEC UNE MALLETTE VIDE.
QUOI ? C'ÉTAIT... C'ÉTAIT MON ANCIENNE MALLETTE.
JE L'ÉCHANGEAIS AVEC UNE NOUVELLE, QUE J'AI LAISSÉE CHEZ MOI.

J'AI LÉGALEMENT LE DROIT DE VOUS RETENIR INDÉFINIMENT.
PARCE QUE JE PORTAIS UNE MALLETTE VIDE ?
JE LE FERAI.
À VOUS DE VOIR.
JE... NON.
JE N'AI RIEN FAIT !
PAR PITIÉ !
JE M'APPELLE ALISON GREEN ! JE SUIS CITOYENNE DES ÉTATS-UNIS !
JE N'AI RIEN FAIT ! PAR PITIÉ !
JE N'AI MÊME JAMAIS ÉTÉ ARRÊTÉE !
MON PÈRE EST POLICIER ! J'AI DROIT À UN COUP DE FIL !
JE VEUX APPELER MON PÈRE !
CAROL ?
IL FAUT DES PREUVES.
ON EN TROUVERA.
CAROL.
ON EN TROUVERA !
ON POURRAIT...

OH OH.
FUMÉE ET SOUFRE.
C'ÉTAIT DIABLO.
LE X-MAN ?
IL L'A TÉLÉPORTÉE HORS DE... BON SANG, TONY !
À TOUTES LES UNITÉS, TOUS LES DÉPARTEMENTS ! ICI MARIA HILL !
NOUS PASSONS EN QUARANTAINE TOTALE !
ÇA N'EST PAS UN EXERCICE.
LE BÂTIMENT ENTIER PASSE EN QUARANTAINE TOTALE IMMÉDIATEMENT !
ICI DANVERS. ON RASSEMBLE LES TROUPES. LE MOMENT EST VENU !
JE VAIS ARRÊTER TONY STARK.
IL FAUDRA D'ABORD LE TROUVER.
HM...
... EN FAIT, NON.
IL EST ICI ?
SUR LE TOIT.
BON, ON ÉTAIT PRÊTS POUR ÇA.
PAS POUR ÇA.
TONY, ORDURE !
JE N'ARRIVE PAS À LE CROIRE !

TU ES EN ÉTAT D'ARRESTATION, TONY STARK !
AH OUI, BONNE CHANCE.
QUAND LE PUBLIC SAURA CE QUE TU AS FABRIQUÉ, CAPTAIN, TU VAS AVOIR DE QUOI T'OCCUPER POUR...
CE QUE MOI, J'AI FABRIQUÉ ? TU VIENS DE PÉNÉTRER DANS...

MAIS SI.
JE T'AI PRÉVENUE. ON T'A TOUS PRÉVENUE.
ENCORE ET ENCORE...
ET PUIS JE NE VEUX PAS TE DIRE COMMENT GÉRER TES AFFAIRES, PARCE QUE CLAIREMENT, TU PENSAIS ÊTRE PRÊTE POUR ÇA, MAIS...
... DE CE QUE JE VOIS, TU MANQUES UN PEU DE PUISSANCE DE FEU, AUJOURD'HUI.
FAIS LE CALCUL ET RENONCE !
MOI, BATTUE ?
QUE NON.

J'AI DES AMIS PARTOUT.

OUPS.

GUERRE CIVILE II (5)

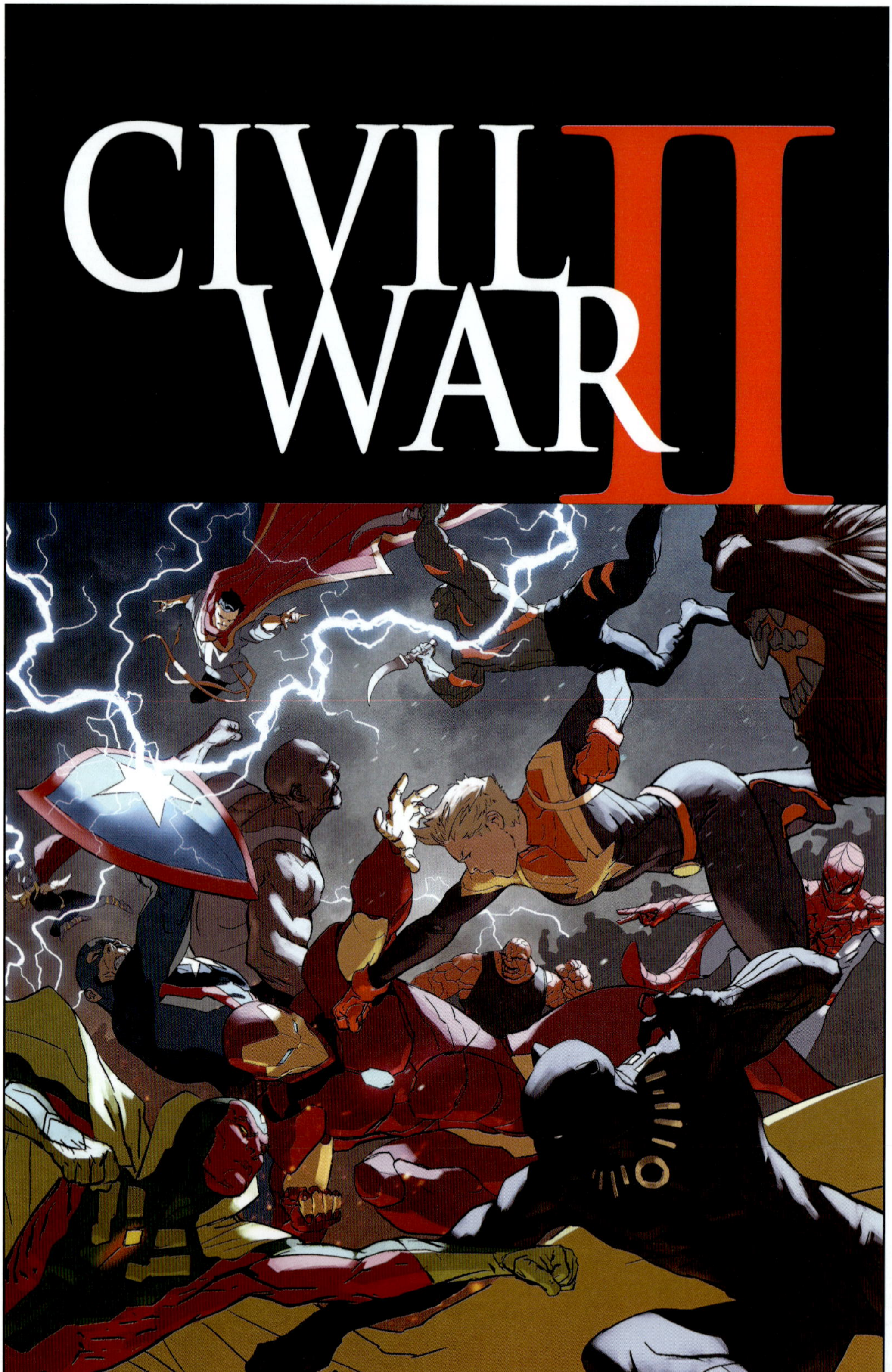

Civil War II (2016) 5
Couverture : **MARKO DJURDJEVIC**

ET SI VOUS REGARDEZ SUR VOTRE GAUCHE...
LA STATUE DE LA LIBERTÉ !
OUI, ON A VU.
JULY IV MDCCLXXVI
NYC TOURS
LA STATUE, CONÇUE PAR FRÉDÉRIC AUGUSTE...
OUI, LES FRANÇAIS NOUS L'ONT DONNÉE. ON SAIT. ON A FAIT L'ÉCOLE PRIMAIRE.
QUAND EST-CE QU'ON VERRA DES SUPER-HÉROS ?!
VOUS NOUS AVEZ PROMIS DES SUPER-HÉROS !
NON, J'AI DIT QU'IL POURRAIT Y AVOIR...
PING
ET TOUS LES SPIDER-GENS, ILS SONT OÙ ?
MESSAGE SPÉCIAL. APPLICABLE IMMÉDIATEMENT.
OH OH.
SUR ORDRE DU STRATEGIC HOMELAND INTERVENTION, ENFORCEMENT AND LOGISTICS DIVISION... LES OPÉRATIONS DE VOL CIVILES ET ÉTRANGÈRES DANS LA ZONE DE NEW YORK SONT INTERDITES JUSQU'À NOUVEL ORDRE.
OH NON.
OÙ SONT LES AVENGERS, BON SANG ?
ON DOIT ATTERRIR !
QUOI ? MAIS ON N'A DÉCOLLÉ QU'IL Y A...
C'EST FINI !
ASSEYEZ-VOUS ! ON RETOURNE AU...
WHOOSHH
OUAH !
EH BEN, VOUS VOULIEZ DES SUPER-HÉROS...

TOUT ÇA EST ENTIÈREMENT DE TA FAUTE, CAROL !
TU NE NOUS AS PAS LAISSÉ LE CHOIX !

TU N'ES PAS CROYABLE, TONY !
CLASSIQUE, TONY STARK ET SON EGO.
QUE DE L'EGO !

NEW ATTILAN.
LES HUMAINS SONT EN GUERRE, KARNAK.
ON NOUS APPELLE À L'AIDE.
EN GUERRE CONTRE QUI ?
EUX-MÊMES.
QUI NOUS A APPELÉS, MÉDUSA ?
LE COLONEL DANVERS, ELLE-MÊME.
ALORS, ALLONS-Y.
RASSEMBLE LA FAMILLE.
NOUS ALLONS FAIRE NOTRE ENTRÉE.
ESPÉRONS QUE CELA APAISERA LES CHOSES.
APAISER LES CHOSES ? ÇA N'ARRIVERA PAS.
ON PEUT TOUJOURS ESPÉRER.
POURQUOI SE BATTENT-ILS ?
TU RESTERAS ICI, ULYSSE.
TES CAPACITÉS NE NOUS SERVIRONT PAS, AUJOURD'HUI.
ET C'EST UNE BONNE CHOSE.

RENDS-TOI !
SMACKK
JE SAIS CE QUI T'ARRIVE.
TU ESSAIES DE CONTRÔLER CE QUI NE PEUT ÊTRE CONTRÔLÉ, ET TU PERDS L'ESPRIT À FORCE D'ESSAYER.
FSSHHAAAMM
TU PROJETTES, TONY !
ET JE SUIS UN PEU SURPRISE QUE, DANS TON ACCÈS DE FOLIE, TU AIES OUBLIÉ QUE JE PEUX ABSORBER TON ÉNERGIE ET L'UTILISER CONTRE TOI !
AGH !
MERCI !
FSSHHAAAMM
JE N'AI PAS OUBLIÉ.
TU CROIS QUE JE NE SAIS PAS COMMENT ÇA... AGH !

SUI-VANT ?
NOUS ESPÉRIONS NE PAS EN ARRIVER LÀ...
JE SUIS TRÈS SURPRIS DE VOUS TROUVER ICI...
LES BANDES ÉCARLATES DE CYTTORAK. LIVRE DES PARCHEMINS ANCIENS, CHAPITRE 53.
JE T'AI PRÉPARÉ UN PETIT QUELQUE CHOSE DE SPÉCIAL.
TU VOIS ?
JE ME SUIS PRÉPARÉ POUR L'AVENIR SANS PERTURBER L'ORDRE NATUREL DES CHOSES.
ET SANS FAIRE TUER AUCUN AVENGER !
...X-MEN.
ET JE SUIS SURPRISE DE TE VOIR LUTTER CONTRE UN POUVOIR CAPABLE DE NOUS ÉPARGNER TANT DE MALHEURS ET D'EFFUSIONS DE SANG, DOCTEUR STRANGE.
OUI, TU N'ES PAS LE MAÎTRE HIPPIE DES ARTS MYSTIQUES ?
TU N'AS PAS UN POINT DE VUE DIFFÉRENT DE TOUT LE MONDE, UN TRUC COMME ÇA ?
SI, ET JE... AGH !
KRABOOM

PAR LES HÔTES CHENUS D...
SPOKK
SPACK
ENFIN, BLUE MARVEL !
TU ES DU MAUVAIS CÔTÉ DE LA BARRIÈRE, SUR CE COUP-LÀ !
LE FAIT QUE J'AI UN DOCTORAT EN PHYSIQUE THÉORIQUE ET UNE MAÎTRISE EN INGÉNIERIE ÉLECTRIQUE OBTENUE À CORNELL NE T'INVITE PAS À IMAGINER QUE C'EST PEUT-ÊTRE TOI, CAGE, QUI ES DU MAUVAIS CÔTÉ ?
PAS VRAIMENT.
TU SAIS POURQUOI ?
SHABAM
PARCE QUE T'ES TOMBÉ DANS LE PANNEAU.
CASSÉ !

MINCE... T'ES PAS CASSÉ.
À PLUS !
NOVA.
OH OH.
ET COMMENT QUE "OH OH".
ICI LA DIRECTRICE DU S.H.I.E.L.D. MARIA HILL !
À TOUTES LES UNITÉS... CODE CYCLONE 99. ABANDONNEZ IMMÉDIATEMENT L'IMMEUBLE. JE RÉPÈTE, ÉVACUATION IMMÉDIATE DU TRISKÉLION !
SKRASSHH
OUF !
ÉCOUTE, MA FILLE, JE NE SAIS MÊME PAS VRAIMENT QUELLE CANADIENNE TU ES !
FIZZZ
JE SUIS AURORA.
FIZZZ
DÉSORMAIS, TU T'EN SOUVIENDRAS.

CE SONT DES IMAGES EN DIRECT, DE LA WEBCAM SUR NOTRE TOIT.
IL Y A UN COMBAT DE SUPER-HÉROS EN COURS AU SOMMET ET TOUT AUTOUR DU TRISKÉLION.
... ON IGNORE LA RAISON DE CE COMBAT.
ÇA EXPLIQUE QUE LE S.H.I.E.L.D. AIT DÉGAGÉ L'ESPACE AÉRIEN.
... NOUS NE POUVONS QUE SPÉCULER...
... TENSION DANS LA COMMUNAUTÉ DES SUPER-HÉROS...
... LE VERDICT HULK.
... PLUS HAUT HISTORIQUE.
C'EST TOUT À FAIT...
... ACQUITTÉ POUR AVOIR TUÉ HULK ?
LES THÉORIES DU COMPLOT FONT RAGE...
... JUSQU'À CE QU'ON EN SACHE PLUS, NOUS NE POUVONS PAS ANNONCER...
TONY STARK A HORREUR D'ÊTRE HUMILIÉ EN PUBLIC ET SOUVENEZ-VOUS, C'EST LUI...
ENCORE UNE FOIS, NOUS N'AVONS AUCUNE CERTITUDE.
JE NE SAIS PAS BIEN CE QU'ON VIENT DE VOIR.
IL Y A... IL Y A DU MOUVEMENT DU CÔTÉ DE NEW ATTILAN.
OUI, JE LE VOIS.
LES INHUMAINS SONT EN ROUTE.
ON PEUT EN VOULOIR AUX INHUMAINS POUR TOUT ÇA.
LE TRISKÉLION EST ASSIÉGÉ PAR...
SOIT POUR AIDER, SOIT...
POUR LES ARRÊTER.
UNE NOUVELLE FOIS, SI VOUS NOUS REJOIGNEZ...
... SE POURRAIT-IL QUE NOUS ASSISTIONS À LA FIN DE L'ÂGE DES HÉROS ?
OUAH ! VOUS AVEZ VU ÇA ?

MAGIE, HEIN ?
JE NE VEUX PAS ME BATTRE AVEC TOI...
OK.
ÇA N'EST PAS PARCE QUE T'ES UNE FILLE, MAIS...
NON !
SI.
C'EST PAS VRAI...

HOLLYWOOD
ALORS, LÀ, C'EST GÉNIAL.
"PAS PARCE QUE T'ES UNE FILLE" ?
CLOCK
FBLAM
JE DOIS VOUS L'AVOUER, LES GARS...
FBLAM
... ON EST VENUS ICI AIDER UNE AMIE, MAIS...
FBLAM
... EN FAIT, JE M'ÉCLATE VRAIMENT.
FBLAM
SMACK
TIRER SUR DES CRÉTINS AHURIS POUR LE FUN, C'EST ASSEZ...
OUAH ! UN RATON LAVEUR QUI PARLE...
M€$%E ! QUEL GENRE DE...?
... ET QUI NE LA FERME JAMAIS.
DINGUE.
ON PENSERAIT QUE ÇA... OH OH.
SENS D'A-RAIGNÉE.

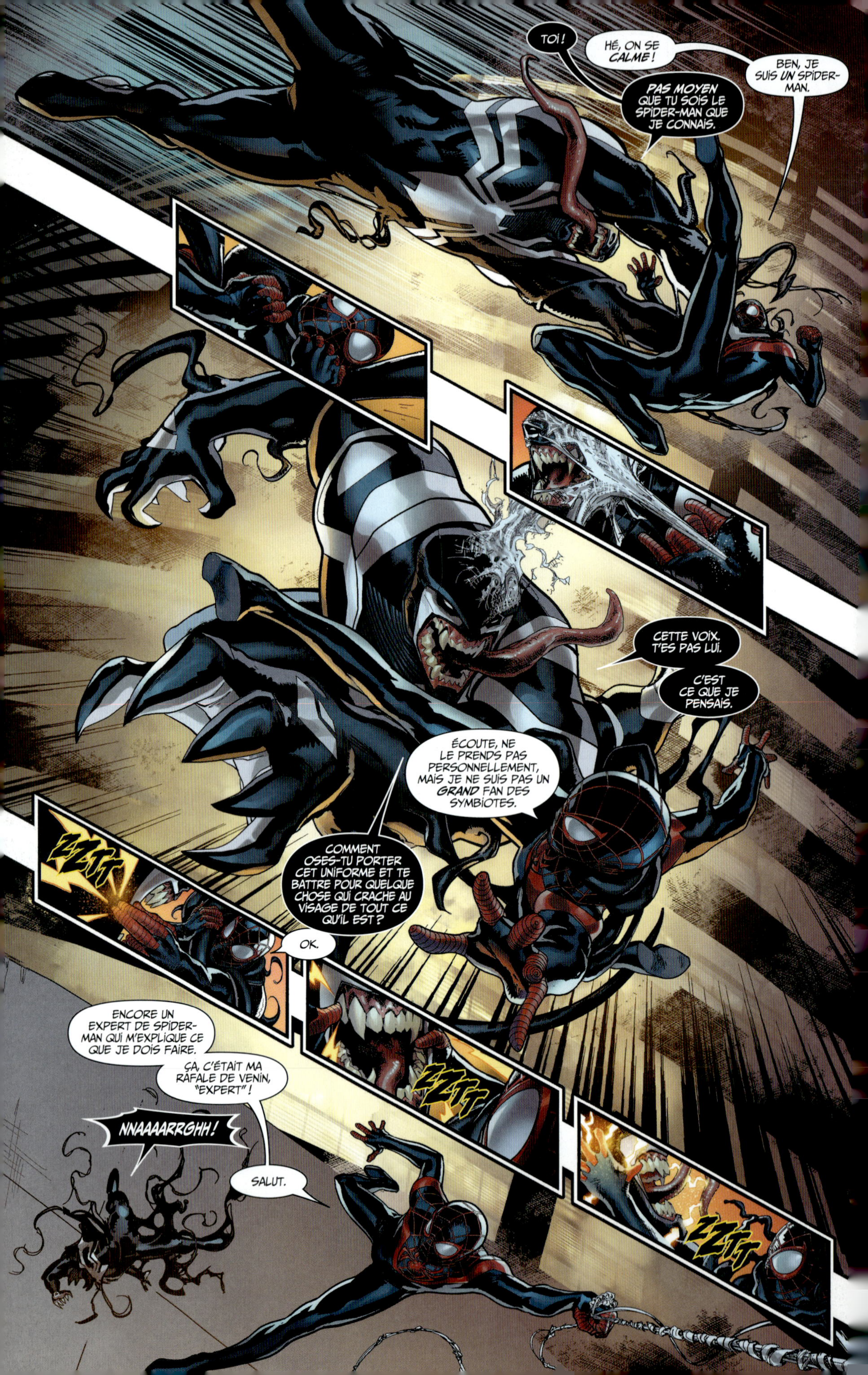
TOI !
HÉ, ON SE *CALME* !
PAS MOYEN QUE TU SOIS LE SPIDER-MAN QUE JE CONNAIS.
BEN, JE SUIS *UN* SPIDER-MAN.
CETTE VOIX. T'ES PAS LUI.
C'EST CE QUE JE PENSAIS.
ÉCOUTE, NE LE PRENDS PAS PERSONNELLEMENT, MAIS JE NE SUIS PAS UN *GRAND* FAN DES SYMBIOTES.
COMMENT OSES-TU PORTER CET UNIFORME ET TE BATTRE POUR QUELQUE CHOSE QUI CRACHE AU VISAGE DE TOUT CE QU'IL EST ?
OK.
ENCORE UN EXPERT DE SPIDER-MAN QUI M'EXPLIQUE CE QUE JE DOIS FAIRE.
ÇA, C'ÉTAIT MA RAFALE DE VENIN, "EXPERT" !
NNAAAARRGHH !
SALUT.

OH, SUPER, JE ME TAPE CELUI AVEC LE BOUCLIER.
JE NE SAIS MÊME PAS CE QUE TU FAIS LÀ, QUILL.
JE ME POSAIS LA MÊME QUESTION.
QUILL.
QUI C'EST ?
QU'EST-CE QUE TU FAIS DANS MON CASQUE ?
C'EST STARK !
JE L'AI PIRATÉ.
JE SAVAIS MÊME PAS QU'ON POUVAIT LE PIRATER.
QU'EST-CE QUE TU FAIS ICI ?
JE SOUTIENS MON AMIE. D'AILLEURS, JE PENSAIS QU'ELLE ÉTAIT AUSSI TON AMIE.

ELLE DIT QUE TU AS PÉTÉ UN PLOMB ET QU'ELLE A BESOIN D'AIDE.
ET SI J'EN CROIS TON DÉLIRE "JE MONTE TOUS LES GOSSES DE LA COUR DE RÉCRÉ CONTRE ELLE", ELLE AVAIT RAISON !
JE CROYAIS QUE NOUS ÉTIONS AMIS.
OUI.
MAIS JE SUIS MEILLEUR AMI AVEC ELLE, ET J'AIME PAS CE QUE TU TRAFICOTES.
ET J'AIME VRAIMENT PAS QUE TU T'IMPOSES DANS MA BULLE.
LITTÉRALEMENT.
QUE T'A-T-ELLE DIT ?
ELLE M'A TOUT DIT.
ET, HÉ, JE SAIS QUE TON POTE A ÉTÉ TUÉ PAR THANOS, HEIN.
JE COMPRENDS.
J'AI CONNU ÇA...
QUILL, ARRÊTE !
EST-CE QUE DANVERS T'A EXPLIQUÉ QUE CES VISIONS DU FUTUR NE SONT QUE DES ALGO...
JE SAIS TOUT SUR ELLES.
JE LES TROUVE SENSASS.
ENFIN...

NOTRE VAISSEAU...
MON BÉBÉ...
POLICE

OH, QUE DIEU ME...
OH, GÉNIAL. LES INHUMAINS SONT LÀ.
VOILÀ QUE SES RENFORTS ONT DES RENFORTS.
QUE SE PASSE-T-IL ?

ALORS, LES INHUMAINS ONT LE DROIT DE SE MÊLER DE NOS AFFAIRES, MAIS QUAND JE FAIS LA MÊME CHOSE AVEC VOUS, VOUS ME FAITES TOMBER MON IMMEUBLE SUR LA TÊTE !
ON NOUS A INVITÉS.
EN FAIT, JE SUIS CONTENT DE VOUS VOIR.
J'AI LA FACTURE DU BÂTIMENT QUE VOUS AVEZ DÉMOLI.
SI SEULEMENT TU AVAIS ÉTÉ À L'INTÉRIEUR.
STARK, ARRÊTE !
RAP-PELLE-LES !
NON !

LAISSE.
RENDS-TOI, TONY !
AÏE !
DERNIÈRE CHANCE !
ATTENDS.
AT-TENDS ?
KRABOOM
J'AI DES RELEVÉS VRAI-MENT BI...
LA FERME !
KRABOOM

AÏE.
QUE... QU'EST-CE QUE C'EST?

NON.
NON.
NON NON NON.
C'EST... TU... ÇA N'ARRIVERA *PAS*.

COMMENT LE SAIS-TU ?
JE LE SAIS.
PETIT...
... JE SUIS NAVRÉE...
... MAIS TU ES EN ÉTAT D'ARRESTATION.

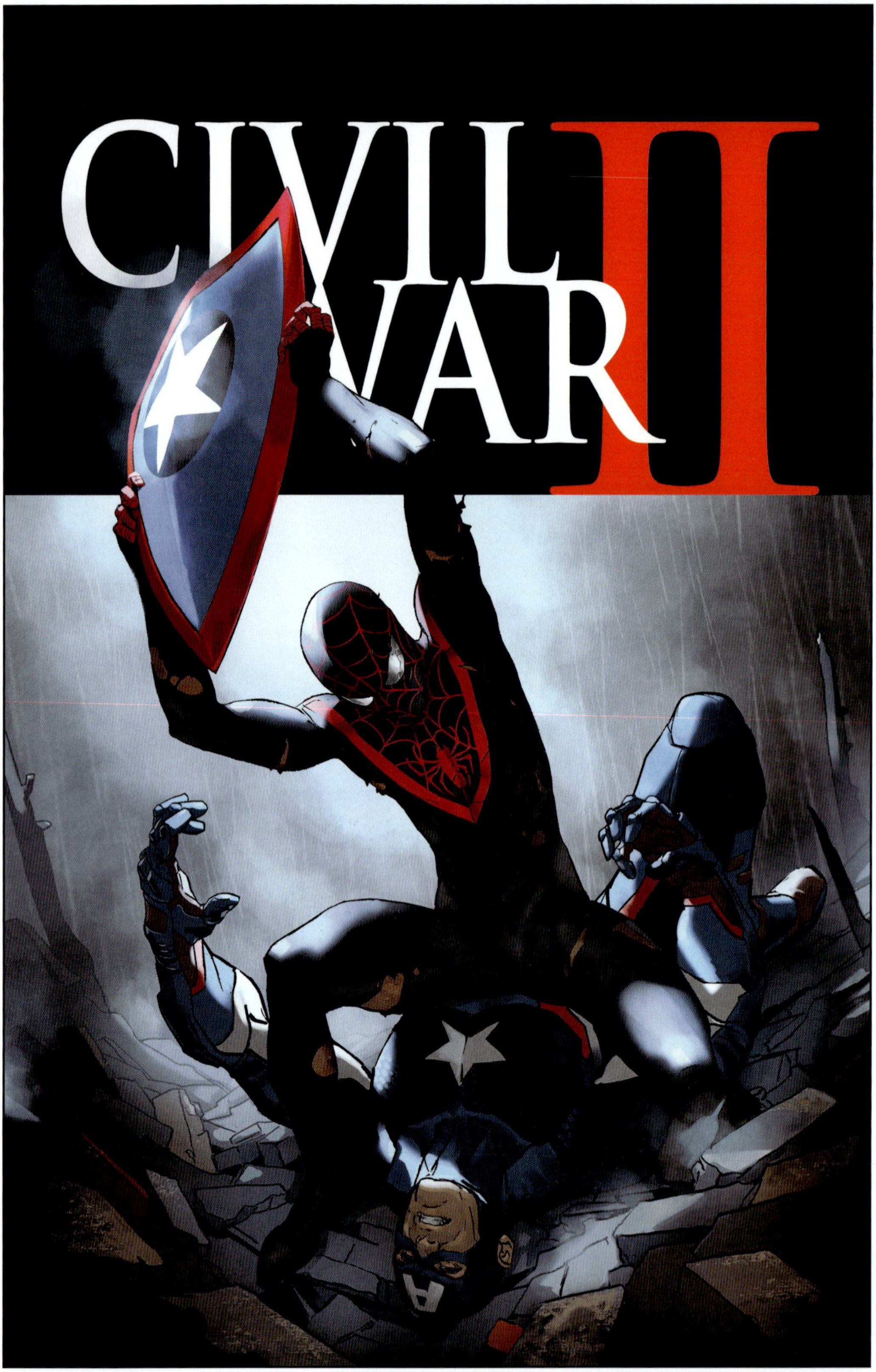

Civil War II (2016) 6
Couverture : **MARKO DJURDJEVIC**

CESSEZ LE FEU !
J'AI DIT : CESSEZ LE FEU !
TU NOUS AS AUSSI DIT DE VENIR DÉFONCER LA TRONCHE DE...
ROCKET !
AR-RÊTE !
PETIT.
SPIDER-MAN.
IL FAUT QUE TU... QUE TU FASSES LE BON CHOIX, LÀ.
D'APRÈS QUI ?

CAROL, JE T'AI PRÉVENUE.
J'AI DIT QUE C'ÉTAIT EXACTEMENT CE QUI ALLAIT SE PASSER.
C'EST PAS VRAI ?
TONY.
TONY !
CE PETIT N'EST PLUS UN AVENGER DEPUIS LONGTEMPS, MAIS IL N'A PAS FAIT UN PAS DE TRAVERS.
PAS UN PAS.
IL A ÉTÉ DU BON CÔTÉ, TOUT LE TEMPS, DE TOUTES LES FIBRES DE SON ÊTRE.
ET VOILÀ QUE TU L'ACCUSES DE QUELQUE CHOSE QU'IL N'A PAS FAIT, QU'AUCUN SIGNE N'A MONTRÉ QU'IL EN ÉTAIT MÊME CAPABLE.
ÇA N'EST PAS BANNER. IL N'Y A PAS DE ZONE GRISE, LÀ.
C'EST... C'EST UN GOSSE GÉNIAL.
TU SAIS COMMENT J'ÉTAIS À SON ÂGE ?
BOURRÉ ?
EUH, OUI...
JE NE M'ATTAQUE PAS À LUI.
TU VIENS DE DIRE QUE TU L'ARRÊTAIS.
AU NOM D'HALA, JE LUI DEMANDE DE NOUS AIDER À NOUS ASSURER QUE CE QU'ON A VU, CE QU'ON A RESSENTI, TOUS, ET TOI AUSSI, NE PUISSE PAS SE PRODUIRE.
TU FAIS ÇA EN L'ARRÊTANT !
OK ! JE RETIRE.
JE LUI DEMANDE DE SE RENDRE.
POUR QUELQUE CHOSE QU'IL N'A PAS FAIT.
TONY, ARRÊTE... J'ESSAIE DE LE PROTÉGER, MOI AUSSI.

VOILÀ QUE TU T'AT-TAQUES À DES ENFANTS.
JE NE M'ATTAQUE...
TROP LE SEUM.
JE N'AI JAMAIS RIEN RESSENTI QUI RESSEMBLE À CETTE VISION.
NOUS NON PLUS.
TONY, POUR-QUOI ES-TU PRÊT À PRENDRE LE RISQUE QUE CE QUE NOUS AVONS VU SE PRO-DUISE POUR DE VRAI ?
BIEN ! OK, BIEN.
LAISSE-LE DÉCIDER DE CE QU'IL VEUT FAIRE.
MAIS JE SUIS D'ACCORD.
ET S'IL NE FAIT PAS CE QUE TU VEUX...
ARRÊTE DE ME DIABOLISER PARCE QUE J'AGIS...
OUAH ! TU N'AS TOUJOURS RIEN COMPRIS.
TU AS VRAIMENT UN GRAVE PROBLÈME !
JE SAIS !
JE PEUX ?

HÉ.
HÉ.
POURQUOI AS-TU RELEVÉ TON MASQUE ?
REMETS-LE.
JE NE... POUVAIS PLUS RESPIRER.
CE MASQUE REPRÉSENTE QUELQUE CHOSE. ÇA REPRÉSENTE QUI TU ES.
TU ES SPIDER-MAN.
ET C'EST IMPORTANT POUR LES GENS.
TRÈS IMPORTANT.
JE... JE NE FERAIS JAMAIS ÇA... CE QUE... CETTE VISION.
JE NE FERAIS JAMAIS ÇA.
JE SAIS, FILS.
JE NE SAIS PAS QUOI FAIRE.
QU'EST-CE QUE TU VEUX FAIRE ?
JE... JE VEUX RENTRER CHEZ MOI.
ALORS, FAIS-LE.
ON S'OCCUPERA DU RESTE PLUS TARD.
CAPTAIN !
NON.
ÇA N'EST PAS TA DÉCISION.

IL A LE DROIT DE RENTRER CHEZ LUI S'IL LE SOUHAITE.
IL N'A RIEN FAIT DE MAL.
MAIS ON PEUT LE GARDER EN SÉCURITÉ ICI ET NOUS ASSURER DE...
TOUT COMME BRUCE N'AVAIT RIEN FAIT DE MAL.
TOUT COMME RHODEY N'AVAIT RIEN FAIT DE MAL.
THOR.
RAMÈNE-LE.
NON.
J'Y CROIS PAS, CAP, VRAIMENT, TU...

MISS MARVEL ?!
C'EST MON AMI.
IL N'A RIEN FAIT.
TOUS CEUX QUI SONT VENUS ICI AUJOURD'HUI POUR SE BATTRE... SUR LE TERRITOIRE AMÉRICAIN...
... C'ÉTAIT, PAR DÉFINITION, UN ACTE DE TERRORISME.
ET JE VOUS ARRÊTE *TOUS*.
PFFT !
ET VOUS POUVEZ ME CITER.
TONY.
JE NE COMPTE PAS JUSQU'À TROIS.
VOUS DEVRIEZ PEUT-ÊTRE.
STOP.

SI VOUS LEUR TIREZ DESSUS, IL FAUDRA AUSSI TIRER SUR MOI.
T'CHALLA.
J'EN AI TROP VU, CAPTAIN MARVEL.
JE NE PEUX PLUS DÉFENDRE ÇA.
AU DÉBUT, JE POUVAIS.
JE POUVAIS.
MAIS MON RÔLE DANS TOUT ÇA ME REND DE PLUS EN PLUS MAL À L'AISE.
ET IL Y A TRÈS, TRÈS LONGTEMPS, J'AI APPRIS QUE SI ON EST DU CÔTÉ DE CAPTAIN AMERICA... ON PEUT ÊTRE SÛRS D'ÊTRE DANS LE BON CAMP.
ET SI LUI-MÊME, APRÈS CE QUE NOUS VENONS TOUS DE RESSENTIR, CHOISIT DE PROTÉGER LES DROITS DE CE JEUNE AVENGER...
... ALORS, C'EST CE QUE NOUS AURIONS DÛ FAIRE DEPUIS LE DÉBUT.
SI TU M'ATTAQUES...
... TU ATTAQUES LE ROYAUME DU WAKANDA.
OH NON !
NON NON NON...

SOIS MAUDIT, DOCTEUR STRANGE !
FSSHAMM
MÉDUSA, EST-CE QUE GUEULE D'OR PEUT...?
NON.
AU REVOIR.
MÉDUSA ?

POSEZ-MOI, S'IL VOUS PLAÎT.
OÙ EST-CE QUE TU...?
POSEZ-MOI !
JE RESTERAI POUR TE PROTÉGER JUSQU'À CE QUE...
NON, ÇA IRA.
IL VAUT MIEUX QUE...
S'IL VOUS PLAÎT, LAISSEZ-MOI SEUL.
S'IL VOUS PLAÎT.
DÉSOLÉ.
MAIS JE... JE DOIS...
JE COMPRENDS.

NEW ATTILAN.
ULYSSE ?
ULYSSE ?
ULYSSE, C'EST KARNAK.
TU M'EN-TENDS ?
PEUX-TU NOUS DIRE CE QUI T'ARRIVE ?

LE TRISKÉLION EST PRESQUE ÉVACUÉ, MADAME.
IL FAUT QU'ON ÉTEIGNE LE FEU DANS CE VAISSEAU.
EN FAIT, VOUS NOUS DEVEZ UN VAISSEAU.
UN VRAI VAISSEAU. PAS UN DE CES TRUCS TERRIENS À ÉNERGIE FOSSILE...
DÉSOLÉE, GARDIENS.
ON TROUVERA UNE SOLUTION.
EN FAIT, BLUE MARVEL, PEUX-TU NOUS RENDRE SERVICE...
BIEN SÛR...
... ET METTRE CE VAISSEAU À L'ABRI AVANT QU'IL NE...

BON, BEN ON SQUATTE TOUS CHEZ TOI EN ATTENDANT NOTRE VAISSEAU.
FAUT QUE JE TE DISE...
PITIÉ, NE ME FAIS PAS LA LEÇON, PETER QUILL. PITIÉ.
NON, EN FAIT.
J'ALLAIS TE DIRE QUE TU AS RAISON.
J'AI UN PEU CONNU CE GENRE DE CHOSE QUAND J'ÉTAIS À LA TÊTE DE MON AUTRE PLANÈTE.
SI TU PEUX EMPÊCHER QU'IL ARRIVE QUELQUE CHOSE DE GRAVE, TU LE FAIS.
ET SI ÇA FROISSE QUELQU'UN, BOUH, TANT PIS POUR LUI.
TU AS UNE VISION D'ENSEMBLE. CONTINUE À TE BATTRE.
JE SUIS GROOT.

BIENVENUE DANS L'UN DES VIEUX BUNKERS SECRETS SOUTERRAINS DE NICK FURY AVEC OPTION BARBIER.
POUR LES PLUS JEUNES D'ENTRE VOUS, C'EST UN GENRE DE SALON DE COIFFURE.
D'ABORD, IL Y A DES BLESSÉS ?
OUI.
ALLEZ VOIR PAR LÀ.
DOCTEUR STRANGE... TU PEUX LES REMETTRE SUR PIED AVEC L'UN DE TES JOLIS SORTILÈGES ?
NAVRÉ.
JE NE POURRAI PLUS GRAND-CHOSE AUJOURD'HUI.
VRAIMENT NAVRÉ.
NON MAIS TU RIGOLES ?
TU AS ÉTÉ UNE VRAIE ROCK-STAR, LÀ, POTE DE BARBICHE.
JE TE DÉTESTE TOUJOURS.
PERSONNE N'AIME AFFRONTER DES AMIS.
J'AI HORREUR DE ÇA.
C'ÉTAIT CORSÉ, MAIS VOUS VOUS EN ÊTES TOUS BIEN SORTIS.
T'CHALLA, JE PENSE PARLER POUR TOUT LE MONDE EN DISANT : JE CROIS BIEN QUE JE T'AIME.
DEPUIS TOUJOURS, NON ?
IL FAUT QU'ON TROUVE THOR ET SPIDER-MAN AVANT DANVERS.
MISS MARVEL, C'EST TON POTE. JE VEUX QUE TU TROUVES SPIDER-MAN POUR NOUS.

HM... JE CROIS QUE JE VEUX M'EN ALLER.
OK.
ON SE BARRE.
OÙ EST-CE QUE VOUS ALLEZ TOUS ?
EXCUSE-MOI, TU ES *QUI* ?
RIRI. RIRI WILLIAMS.
NON, ELLE VEUT DIRE : *QUI* ES-TU ?
JE SUIS, *HM*, UNE NOUVELLE IRON-HÉROÏNE.
JE BOSSE ENCORE SUR LE NOM...
TU ES *AVEC* TONY STARK, DONC.
COMME NOUS TOUS, NON ?
TU AS CARRÉMENT *ASSURÉ*, TOUT À L'HEURE.
MERCI.
J'AVAIS JAMAIS VU OU FAIT QUELQUE CHOSE D'AUSSI *DINGUE*.
OUI, JE CROIS QUE ÇA VAUT POUR NOUS TOUS.
ÉCOUTEZ, JE... JE VEUX VOUS AIDER À TROUVER SPIDER-MAN.
J'AI CARTOGRAPHIÉ CE BUNKER. JE PEUX NOUS SORTIR D'ICI.
SANS PROBLÈME.
OK.
ON Y VA.
SANS MÊME DIRE AU REVOIR ?

HM...
... ON REVIENT.
QUE SE PASSE-T-IL ?
JE CROIS QUE LES JEUNES FONT LE MUR.
ILS ONT PEUR.
NON.
ILS VONT TROUVER LEUR AMI SPIDER-MAN ET LE CACHER.
DE NOUS. DE NOUS TOUS.
JE NE SAIS PAS S'ILS M'AGACENT OU SI JE SUIS FIER D'EUX.
JE NE PEUX M'EMPÊCHER DE ME DEMANDER SI, AU FUR ET À MESURE QUE LES POUVOIRS DU JEUNE INHUMAIN GAGNENT EN PUISSANCE...
CELA M'ENNUIE DE LE DIRE, MAIS IL N'EXISTE QU'UNE FAÇON DE DÉCOUVRIR SI CETTE NOUVELLE VISION DE L'AVENIR VA SE PRODUIRE.
ET ÇA M'ENNUIE DE LE DIRE, MAIS C'EST EXACTEMENT CE QUE RHODEY DIRAIT.
MAIS HÉ, CAP, À TOI DE DÉCIDER.
ET À TOI SEUL.

HÉ, VOUS N'AVEZ PAS UN PASSIF QUE J'IGNORE, TOI ET CE NOUVEAU SPIDER-MAN ?
NON !
JE LE CONNAIS À PEINE.
JUSTE POUR ÊTRE SÛR.
SI JE SUIS AVEC VOUS À PRÉSENT...
OUI.
... C'EST PARCE QUE D'AUTRES VISIONS SE SONT RÉVÉLÉES INEXACTES.
JE LE SAVAIS !
UN PETIT NOMBRE.
MAIS LÀ ? CELLE-CI ?
... COMME ÇA SEMBLE ÊTRE LE CAS...
... ÇA NE SE FAIT PAS AU DÉTRIMENT DE LA...
... PRÉCISION.
TU PEUX TE LE DEMANDER, JE TE GARANTIS QUE C'EST LE CAS.
JE LE GARANTIS.
BON, ET À SPIDER-MAN.

VOUS NE DEVRIEZ PAS ÊTRE LÀ.

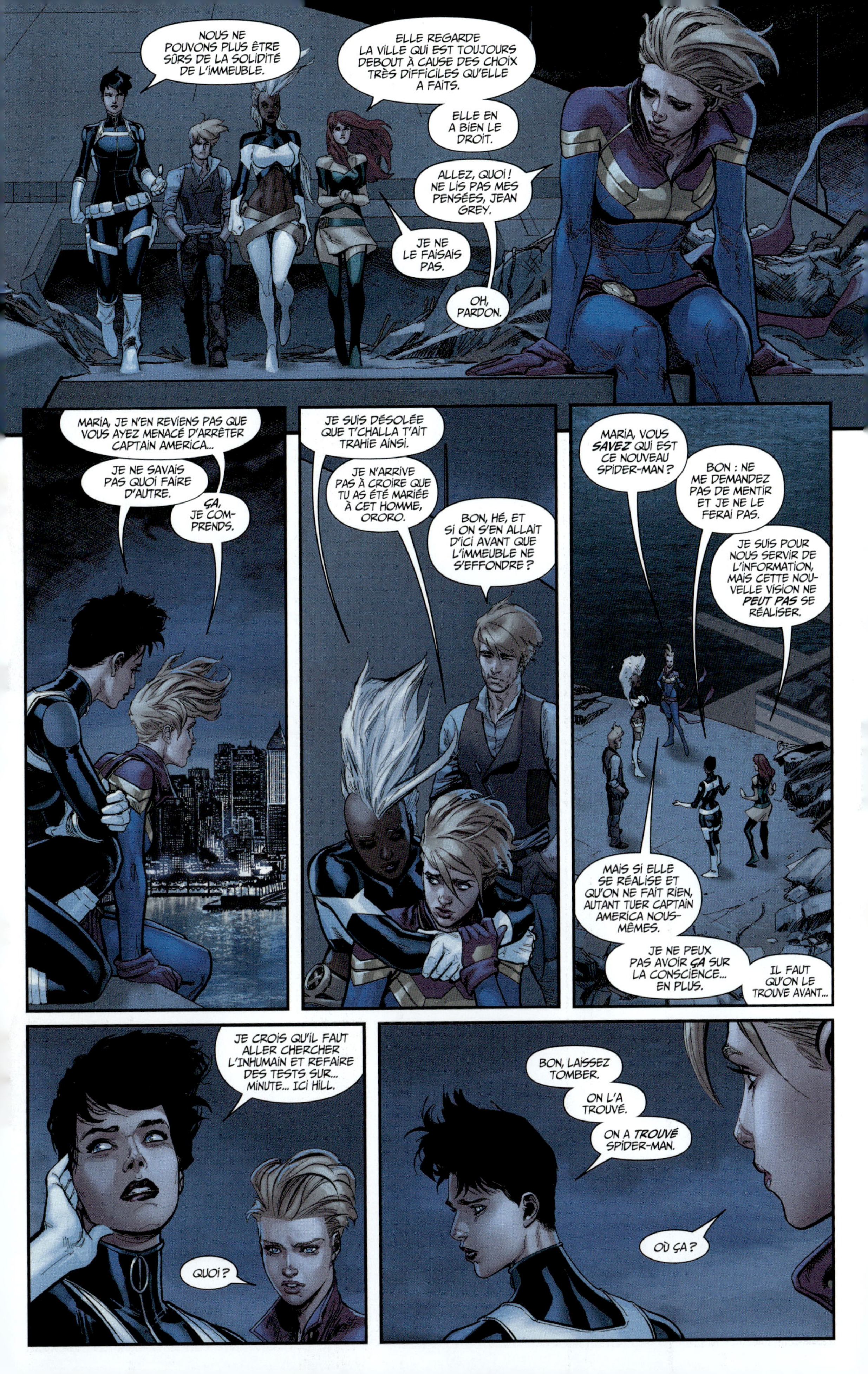
NOUS NE POUVONS PLUS ÊTRE SÛRS DE LA SOLIDITÉ DE L'IMMEUBLE.
ELLE REGARDE LA VILLE QUI EST TOUJOURS DEBOUT À CAUSE DES CHOIX TRÈS DIFFICILES QU'ELLE A FAITS.
ELLE EN A BIEN LE DROIT.
ALLEZ, QUOI ! NE LIS PAS MES PENSÉES, JEAN GREY.
JE NE LE FAISAIS PAS.
OH, PARDON.
MARIA, JE N'EN REVIENS PAS QUE VOUS AYEZ MENACÉ D'ARRÊTER CAPTAIN AMERICA...
JE NE SAVAIS PAS QUOI FAIRE D'AUTRE.
ÇA, JE COMPRENDS.
JE SUIS DÉSOLÉE QUE T'CHALLA T'AIT TRAHIE AINSI.
JE N'ARRIVE PAS À CROIRE QUE TU AS ÉTÉ MARIÉE À CET HOMME, ORORO.
BON, HÉ, ET SI ON S'EN ALLAIT D'ICI AVANT QUE L'IMMEUBLE NE S'EFFONDRE ?
MARIA, VOUS SAVEZ QUI EST CE NOUVEAU SPIDER-MAN ?
BON : NE ME DEMANDEZ PAS DE MENTIR ET JE NE LE FERAI PAS.
JE SUIS POUR NOUS SERVIR DE L'INFORMATION, MAIS CETTE NOUVELLE VISION NE PEUT PAS SE RÉALISER.
MAIS SI ELLE SE RÉALISE ET QU'ON NE FAIT RIEN, AUTANT TUER CAPTAIN AMERICA NOUS-MÊMES.
JE NE PEUX PAS AVOIR ÇA SUR LA CONSCIENCE... EN PLUS.
IL FAUT QU'ON LE TROUVE AVANT...
JE CROIS QU'IL FAUT ALLER CHERCHER L'INHUMAIN ET REFAIRE DES TESTS SUR... MINUTE... ICI HILL.
QUOI ?
BON, LAISSEZ TOMBER.
ON L'A TROUVÉ.
ON A TROUVÉ SPIDER-MAN.
OÙ ÇA ?

Civil War II (2016) 7
Couverture : **MARKO DJURDJEVIC**

ULYSSE ?
NEW ATTILAN.
ULYSSE ? TU M'ENTENDS ?
CONCENTRE-TOI, INHUMAIN !
IL FAUT QUE NOUS TE PARLIONS.
NOUS VOULONS T'AIDER, MAIS IL FAUT...
TON HÉRITAGE, TES CAPACITÉS D'IN-HUMAIN, TES POUVOIRS SEMBLENT ÉVOLUER PLUS VITE QUE NOUS NE L'AVIONS ANTICIPÉ.
TES VISIONS SONT PLUS PUISSANTES, ET CE QUE TU VOIS EST DE PLUS EN PLUS...
DÉRAN-GEANT.
ALÉATOIRE.
LES ULTIMATES VOUDRAIENT TE VOIR POUR ÉTUDIER CELA DE PLUS PRÈS.
MAIS... NOUS N'ACCEPTERONS QUE SI TU ES D'ACCORD.
IL EST IMPORTANT POUR MOI, EN TANT QUE CHEF DE NOTRE FAMILLE, QUE TU CHOISISSES DE TE FAIRE AIDER.
QUE TU EN VOIES L'INTÉRÊT.
RÉPONDS À TA REINE, ULYSSE.
JE VOIS QUE TU T'ÉLOIGNES DE NOUS.
JE VOIS QUE...
EST-CE QU'IL M'EN-TEND ?
RÉPONDS À TA REINE !

OHÉ ?
OH OH.
C'EST... C'EST DIFFÉRENT, ÇA.
POURQUOI C'EST DIFFÉRENT ?
J'AI L'IMPRESSION D'ÊTRE VRAIMENT...

VIANDE.
EUH...
AGH!

SNIKT
HARRG !
DÉSOLÉ QUE TU AIES FAILLI TE FAIRE BOUFFER, MEC...
... MAIS MERCI D'AVOIR DISTRAIT CETTE CRAPULE ASSEZ LONGTEMPS POUR QUE J'EN FINISSE, ÇA M'A PRIS LA JOURNÉE.
QUE... QU'EST-CE QUE... C'ÉTAIT **HULK** ?
UN DE SES GOSSES.
HULK EST MORT DEPUIS LONGTEMPS. JE L'AI BUTÉ MOI-MÊME.
PASSE LE MESSAGE.
ATTEN-DEZ !

EST-CE QUE...
... VOUS ÊTES WOLVERINE ?
À LA PROCHAINE, PETIT.
EN... EN QUELLE ANNÉE ON EST ?
QUELLE ANNÉE ?
C'EST QUOI, CETTE QUESTION ?
PITIÉ...
JE NE SUIS PAS CENSÉ ÊTRE ICI.
JE NE COMPRENDS PAS OÙ JE SUIS, COMMENT JE SUIS ARRIVÉ ICI.

LE CAPITOLE.
AUJOURD'HUI.
MAINS EN L'AIR !
POLICE !
AVANCE LENTEMENT !
MAINS EN L'AIR !
ON NE PLAISANTE PAS !
S'IL VOUS PLAÎT, NE TIREZ PAS !
ENLÈVE LE MASQUE !
JE PEUX PAS FAIRE ÇA.
DÉSOLÉ.

EN QUELLE ANNÉE TU *CROIS* ÊTRE ?
JE... JE N'EN SAIS RIEN.
JE N'AI AUCUN MOYEN DE LE DIRE.
QUI ES-TU ?
JE M'APPELLE ULYSSE.
JE ME FICHE DE COMMENT ON *T'APPELLE* !
QU'EST-CE QUE TU ES ?
OH, *EUH*, JE SUIS UN *INHUMAIN*.
PARDON ?
TU AS RATÉ LE DERNIER BUS, ALORS.

LES INHUMAINS ONT QUITTÉ LA PLANÈTE QUAND LE MONDE RESSEMBLAIT ENCORE À QUELQUE CHOSE.
V... VRAIMENT ?
OÙ SONT-ILS ALLÉS ?
OÙ SOMMES-NOUS ?
LE NEW JERSEY, JE CROIS.
QUE S'EST-IL PASSÉ ?
QU'EST-CE QUI A CHASSÉ LES INHUMAINS ?
TONY STARK, VOILÀ QUOI.

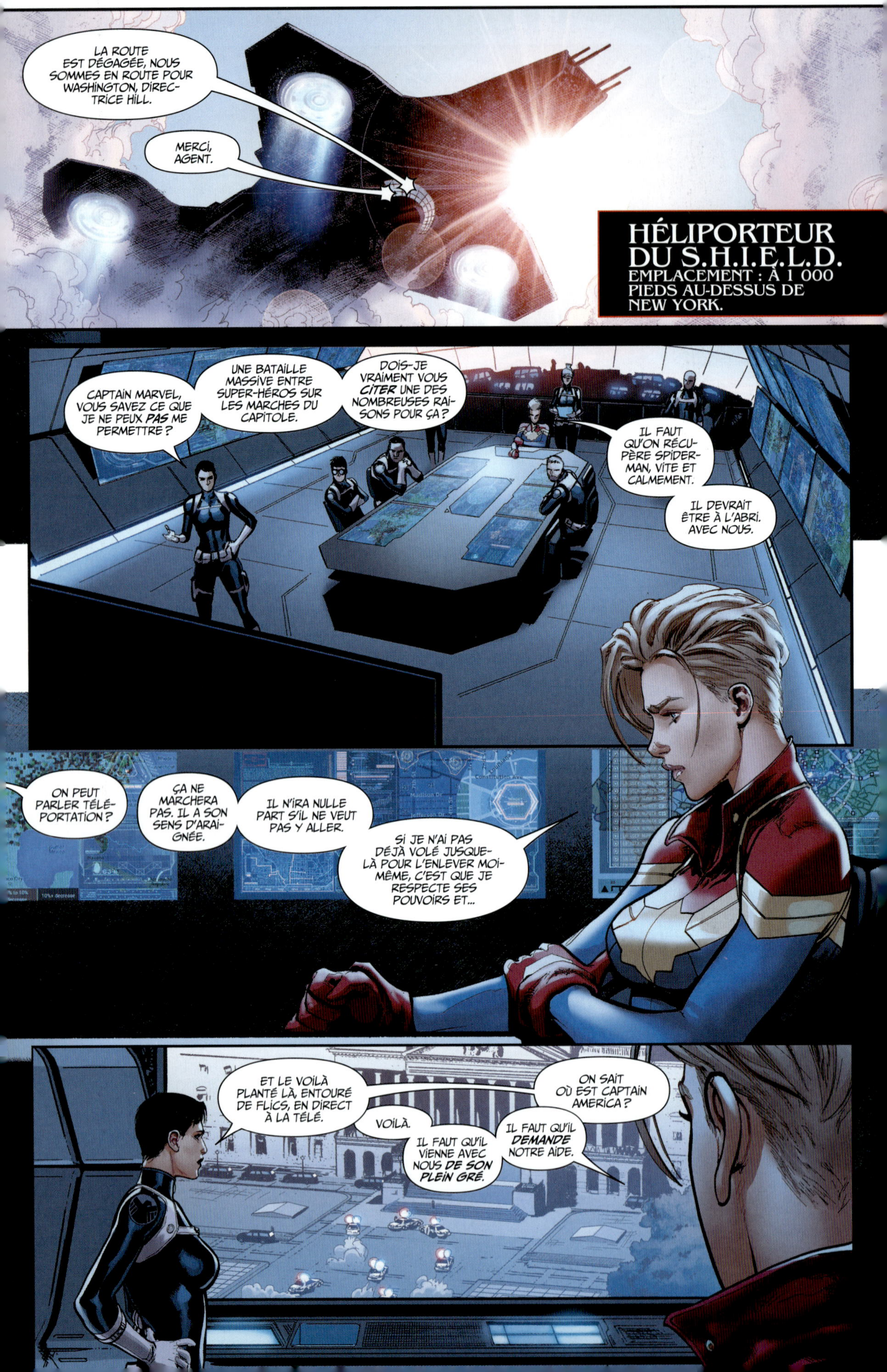
LA ROUTE EST DÉGAGÉE, NOUS SOMMES EN ROUTE POUR WASHINGTON, DIRECTRICE HILL.
MERCI, AGENT.
HÉLIPORTEUR DU S.H.I.E.L.D.
EMPLACEMENT : À 1 000 PIEDS AU-DESSUS DE NEW YORK.
CAPTAIN MARVEL, VOUS SAVEZ CE QUE JE NE PEUX PAS ME PERMETTRE ?
UNE BATAILLE MASSIVE ENTRE SUPER-HÉROS SUR LES MARCHES DU CAPITOLE.
DOIS-JE VRAIMENT VOUS CITER UNE DES NOMBREUSES RAISONS POUR ÇA ?
IL FAUT QU'ON RÉCUPÈRE SPIDER-MAN, VITE ET CALMEMENT.
IL DEVRAIT ÊTRE À L'ABRI. AVEC NOUS.
ON PEUT PARLER TÉLÉPORTATION ?
ÇA NE MARCHERA PAS. IL A SON SENS D'ARAIGNÉE.
IL N'IRA NULLE PART S'IL NE VEUT PAS Y ALLER.
SI JE N'AI PAS DÉJÀ VOLÉ JUSQUE-LÀ POUR L'ENLEVER MOI-MÊME, C'EST QUE JE RESPECTE SES POUVOIRS ET...
ET LE VOILÀ PLANTÉ LÀ, ENTOURÉ DE FLICS, EN DIRECT À LA TÉLÉ.
ON SAIT OÙ EST CAPTAIN AMERICA ?
VOILÀ.
IL FAUT QU'IL VIENNE AVEC NOUS DE SON PLEIN GRÉ.
IL FAUT QU'IL DEMANDE NOTRE AIDE.

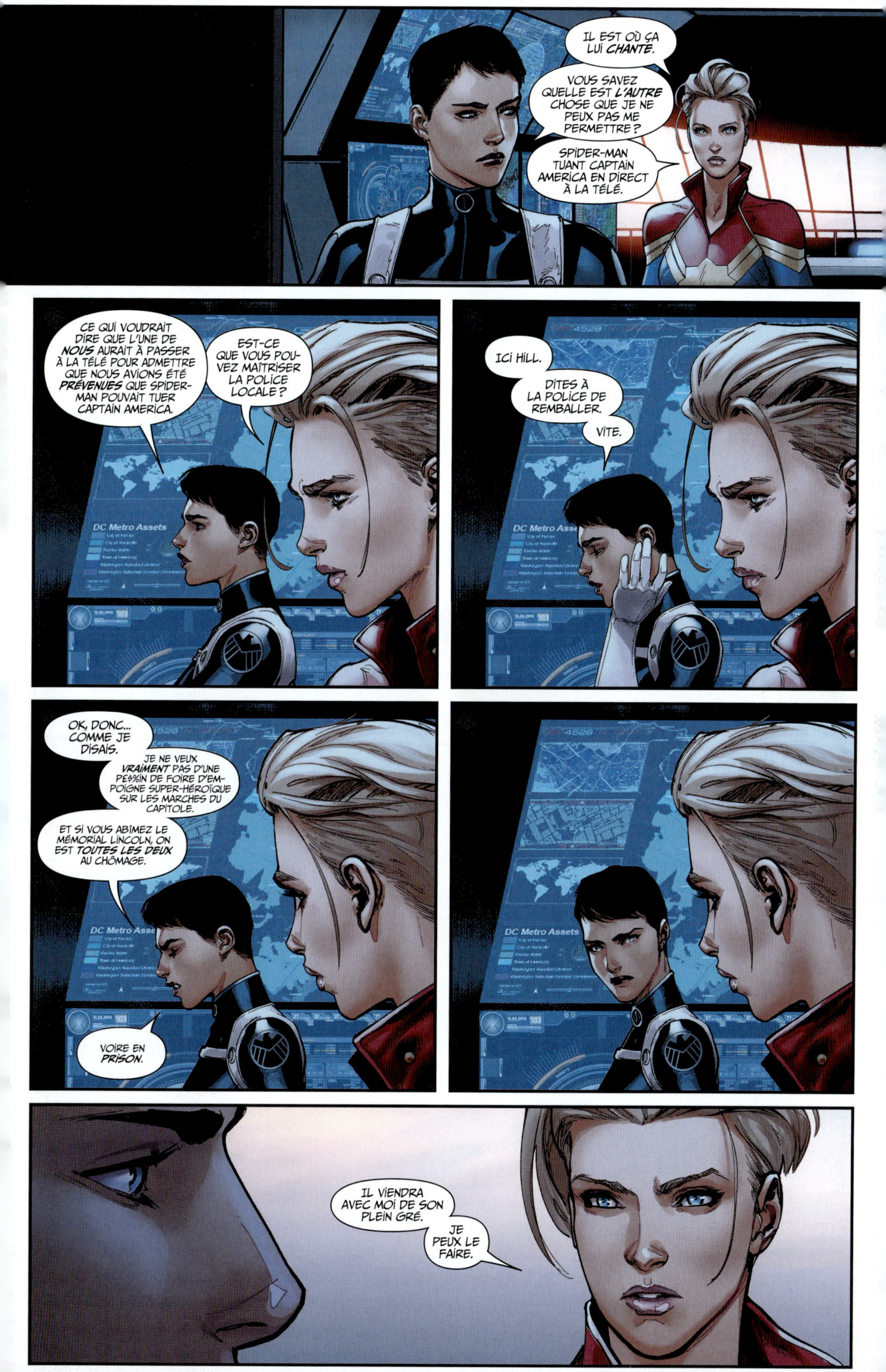
IL EST OÙ ÇA LUI *CHANTE*.
VOUS SAVEZ QUELLE EST *L'AUTRE* CHOSE QUE JE NE PEUX PAS ME PERMETTRE ?
SPIDER-MAN TUANT CAPTAIN AMERICA EN DIRECT À LA TÉLÉ.
CE QUI VOUDRAIT DIRE QUE L'UNE DE *NOUS* AURAIT À PASSER À LA TÉLÉ POUR ADMETTRE QUE NOUS AVIONS ÉTÉ *PRÉVENUES* QUE SPIDER-MAN POUVAIT TUER CAPTAIN AMERICA.
EST-CE QUE VOUS POUVEZ MAÎTRISER LA POLICE LOCALE ?
ICI HILL.
DITES À LA POLICE DE REMBALLER.
VITE.
OK, DONC... COMME JE DISAIS.
JE NE VEUX *VRAIMENT* PAS D'UNE PE$%IN DE FOIRE D'EMPOIGNE SUPER-HÉROÏQUE SUR LES MARCHES DU CAPITOLE.
ET SI VOUS ABÎMEZ LE MÉMORIAL LINCOLN, ON EST *TOUTES LES DEUX* AU CHÔMAGE.
VOIRE EN *PRISON*.
IL VIENDRA AVEC MOI DE SON PLEIN GRÉ.
JE PEUX LE FAIRE.

ALLONGE-TOI PAR TERRE ET ENLÈVE TON MASQUE !
NON, MERCI !
POL
VITE !
ON VA FAIRE UN COMPTE À REBOURS !
VRAIMENT ?
DERNIER AVERTISSEMENT, JE COMPTE JUSQU'À...
ALLÔ ?
ICI LE CAPITAINE BEN...
QUOI ?
OK.
REPLI GÉNÉRAL, TOUT LE MONDE !
QUOI ?
TOUT LE MONDE !
RETOURNEZ À VOS VOITURES !
LAISSEZ-LE.

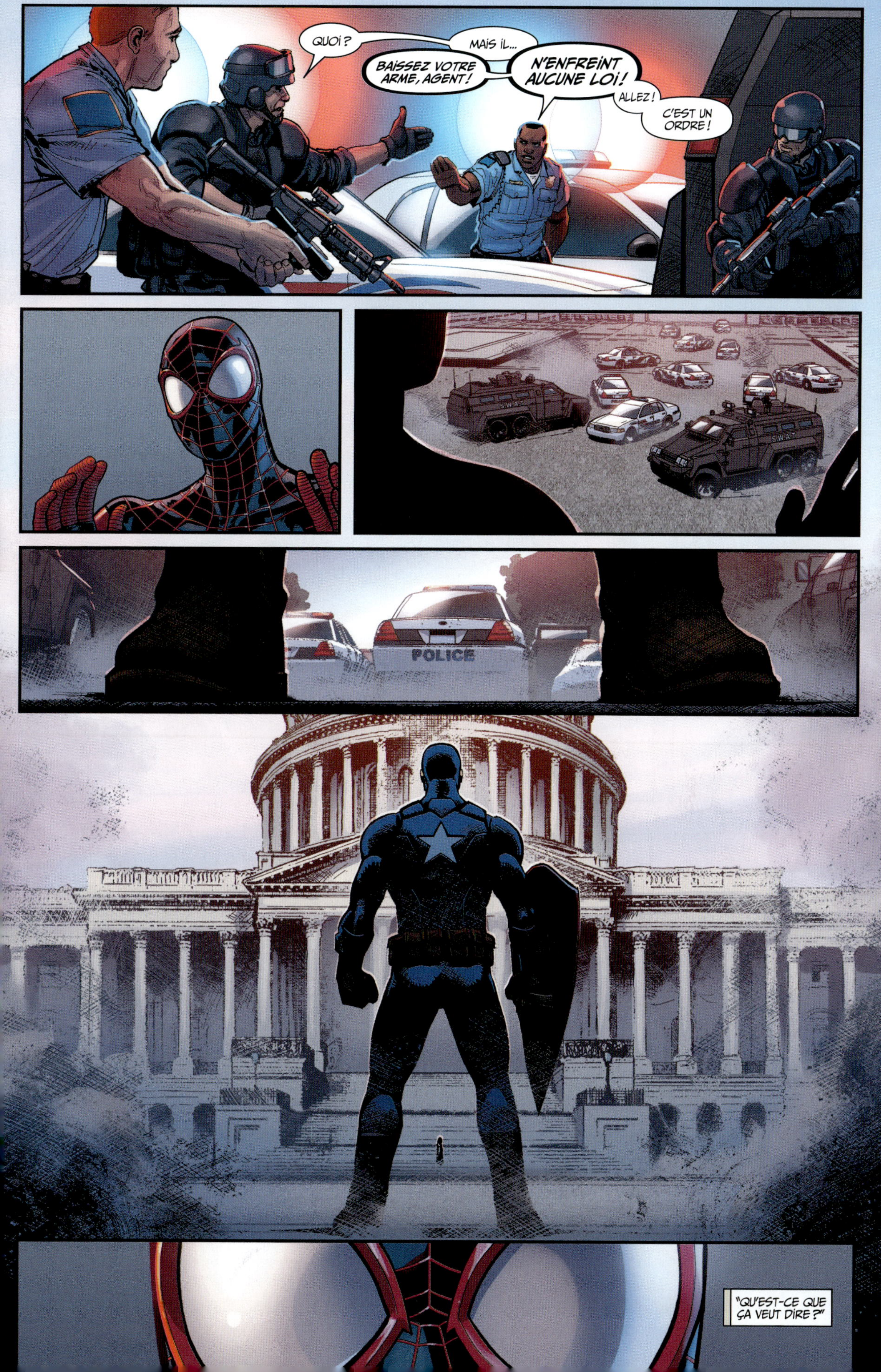
QUOI ?
MAIS IL...
BAISSEZ VOTRE ARME, AGENT !
N'ENFREINT AUCUNE LOI !
ALLEZ !
C'EST UN ORDRE !
POLICE
"QU'EST-CE QUE ÇA VEUT DIRE ?"

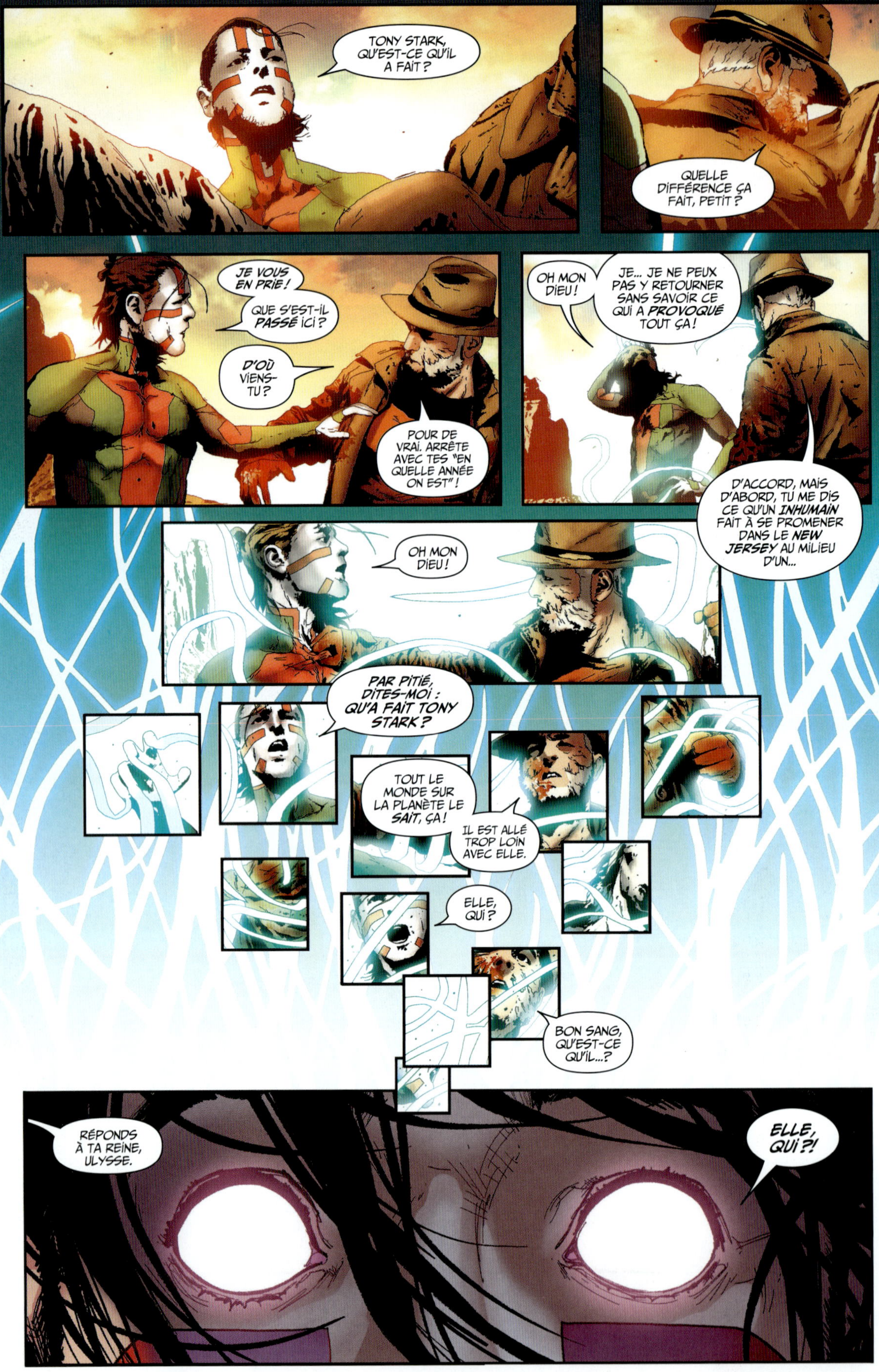
TONY STARK, QU'EST-CE QU'IL A FAIT ?
QUELLE DIFFÉRENCE ÇA FAIT, PETIT ?
JE VOUS EN PRIE !
QUE S'EST-IL PASSÉ ICI ?
D'OÙ VIENS-TU ?
POUR DE VRAI. ARRÊTE AVEC TES "EN QUELLE ANNÉE ON EST" !
OH MON DIEU !
JE... JE NE PEUX PAS Y RETOURNER SANS SAVOIR CE QUI A PROVOQUÉ TOUT ÇA !
D'ACCORD, MAIS D'ABORD, TU ME DIS CE QU'UN INHUMAIN FAIT À SE PROMENER DANS LE NEW JERSEY AU MILIEU D'UN...
OH MON DIEU !
PAR PITIÉ, DITES-MOI : QU'A FAIT TONY STARK ?
TOUT LE MONDE SUR LA PLANÈTE LE SAIT, ÇA !
IL EST ALLÉ TROP LOIN AVEC ELLE.
ELLE, QUI ?
BON SANG, QU'EST-CE QU'IL... ?
RÉPONDS À TA REINE, ULYSSE.
ELLE, QUI ?!

ELLE ! TA REINE !
MÉDUSA TE PARLE.
OH NON.
JE... JE SUIS PARTI COMBIEN DE TEMPS ?
TU N'ES ALLÉ *NULLE PART*.
QUE S'EST-IL PASSÉ ?
QU'AS-TU VU, ULYSSE ?
IL A DIT QUE STARK ÉTAIT ALLÉ TROP LOIN AVEC ELLE...
QUI A DIT ÇA ?
ELLE, *QUI* ?
IL FAUT... IL FAUT QU'ON DISE À CAPTAIN MARVEL DE CESSER LE FEU.
ELLE DOIT... ELLE DOIT ARRÊTER D'AFFRONTER IRON MAN.
VOUS POUVEZ L'APPELER ? VOUS POUVEZ FAIRE ÇA ?

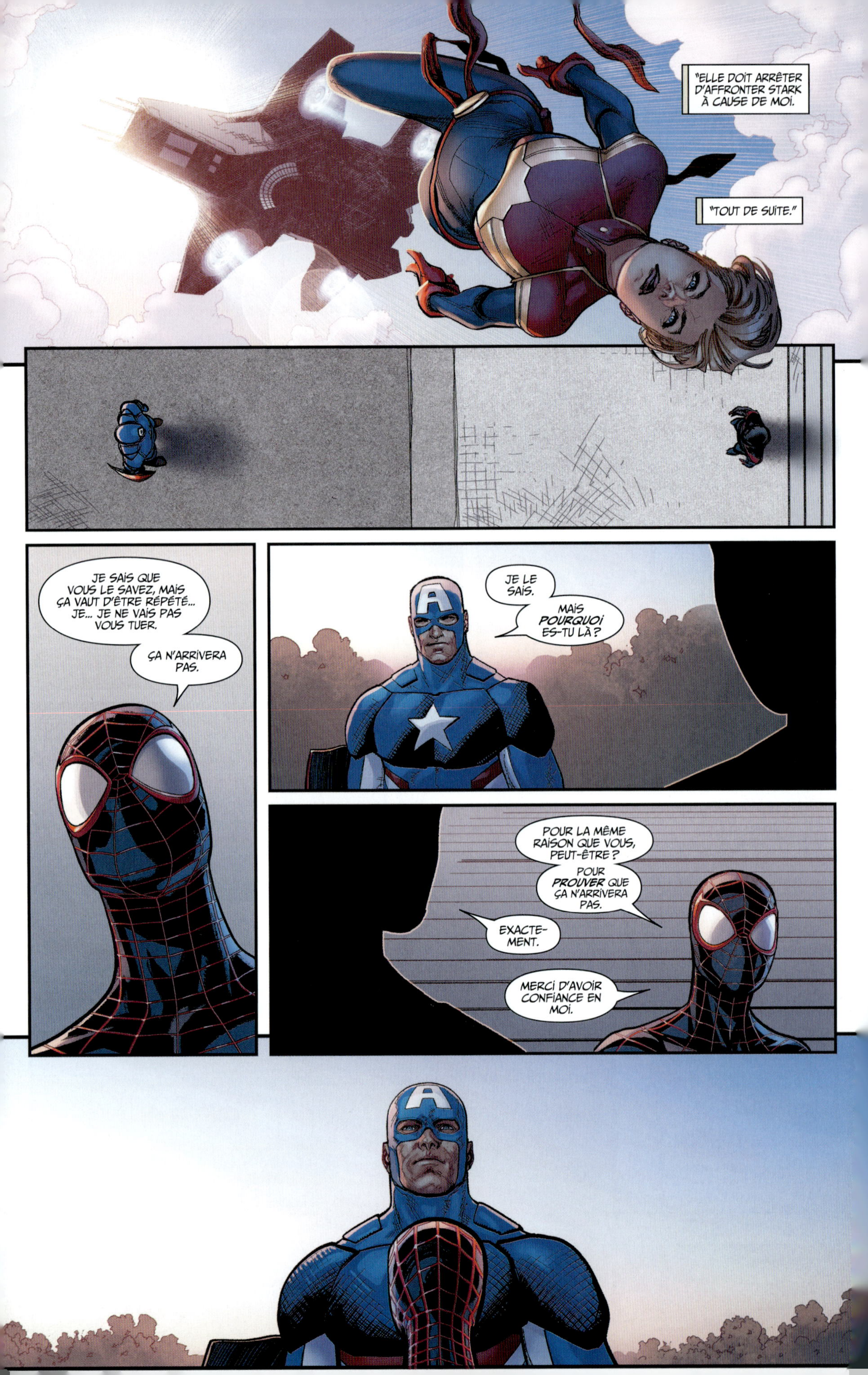
"ELLE DOIT ARRÊTER D'AFFRONTER STARK À CAUSE DE MOI.
"TOUT DE SUITE."
JE SAIS QUE VOUS LE SAVEZ, MAIS ÇA VAUT D'ÊTRE RÉPÉTÉ... JE... JE NE VAIS PAS VOUS TUER.
ÇA N'ARRIVERA PAS.
JE LE SAIS.
MAIS POURQUOI ES-TU LÀ ?
POUR LA MÊME RAISON QUE VOUS, PEUT-ÊTRE ?
POUR PROUVER QUE ÇA N'ARRIVERA PAS.
EXACTE-MENT.
MERCI D'AVOIR CONFIANCE EN MOI.

C'EST BIZARRE.
MÊME POUR NOUS.
MA FOI, JE SUIS LÀ DEPUIS TRÈS LONGTEMPS ET J'AI VU BIEN DES CHOSES... MAIS OUI.
C'EST VRAI.
BIZARRE.
ALORS, EUH, POURQUOI PENSEZ-VOUS QUE CET INHUMAIN A VU ÇA ?
J'ALLAIS TE POSER LA MÊME QUESTION.
J'EN SAIS RIEN.
JE SUIS UN ÉNORME FAN DE VOUS, JE VOUS L'AI DIT.
ET POUR-TANT...
EUH, VOUS ME CROYEZ OU PAS ?
OUI.
J'ESSAIE JUSTE DE COMPRENDRE, COMME TOI.
TOUT CE QUE JE SAIS, C'EST QU'À CHAQUE VISION DE CET INHUMAIN, UN SUPER-HÉROS IMPORTANT MEURT...
... ET NOUS VOILÀ, ET JE SUIS QUASIMENT SÛR QUE VOUS ALLEZ TRÈS BIEN VOUS EN SORTIR...
... PARCE QUE ÇA FAIT QUOI, UNE CENTAINE D'ANNÉES QUE VOUS VOUS EN SORTEZ TOU-JOURS BIEN.
MAIS MOI, JE CROIS QUE JE SUIS MAL.
ALORS, POUR-QUOI ES-TU LÀ... VRAIMENT ?

ET COMMENT VOULAIS-TU QUE JE RÉAGISSE EN TE VOYANT APPARAÎTRE ICI ?
EN... ME LAISSANT TRANQUILLE.
COMME LA POLICE.
LA POLICE T'A LAISSÉ TRANQUILLE PARCE QUE JE LE LEUR AI DEMANDÉ.
AH ?
CE SERAIT TELLEMENT *CHOUETTE* SI TU POUVAIS COMPRENDRE QUE J'AI LES MEILLEURES INTENTIONS... POUR NOUS TOUS.
CAP, DIS-LUI QUE JE NE SUIS PAS SATAN.
ELLE N'EST PAS SATAN.
MERCI.
MAIS JE CROIS QUE TOUT ÇA A SUFFISAMMENT DURÉ.

D'ACCORD. MAIS...
... JE NE PEUX PAS JUSTE ESPÉRER QUE TOUT S'ARRANGE.
ET LUI NON PLUS. ET TOI NON PLUS.
TU LE SAIS, PETIT. C'EST POUR ÇA QUE TU ES LÀ.
ALLEZ, LAISSE-MOI TE METTRE À L'ABRI.
MAIS IL FAUT VRAIMENT QU'ON Y AILLE, AVANT...
EUH...
... QUE FAITES-VOUS ?
ÇA N'EST PAS MOI. JE NE SAIS PAS FAIRE ÇA.
J'ESSAIE DE T'AIDER !
HÉ, C'EST PAS MOI NON PLUS.
ARRÊTE ÇA, TONY.
TONY STARK !
SOIS UN HOMME !
JE NE ME CACHAIS PAS.
EUH, JE N'ÉTAIS PAS AU COURANT DE ÇA, HEIN.

JE T'AI DONNÉ UNE DERNIÈRE CHANCE !
RATÉ !
TU NE ME BATTRAS PAS AVEC CETTE RAFALE D'ÉNERGIE ÉTRANGE QUE TU AS UTILISÉE HIER.
BLUE MARVEL S'EN EST CHARGÉ.
LOGIQUE.

BOOM
LAISSEZ-MOI SORTIR ! PITIÉ !
NE FAITES PAS ÇA !
TU ES EN ÉTAT D'ARRESTATION.
TU ES MAR-RANTE.

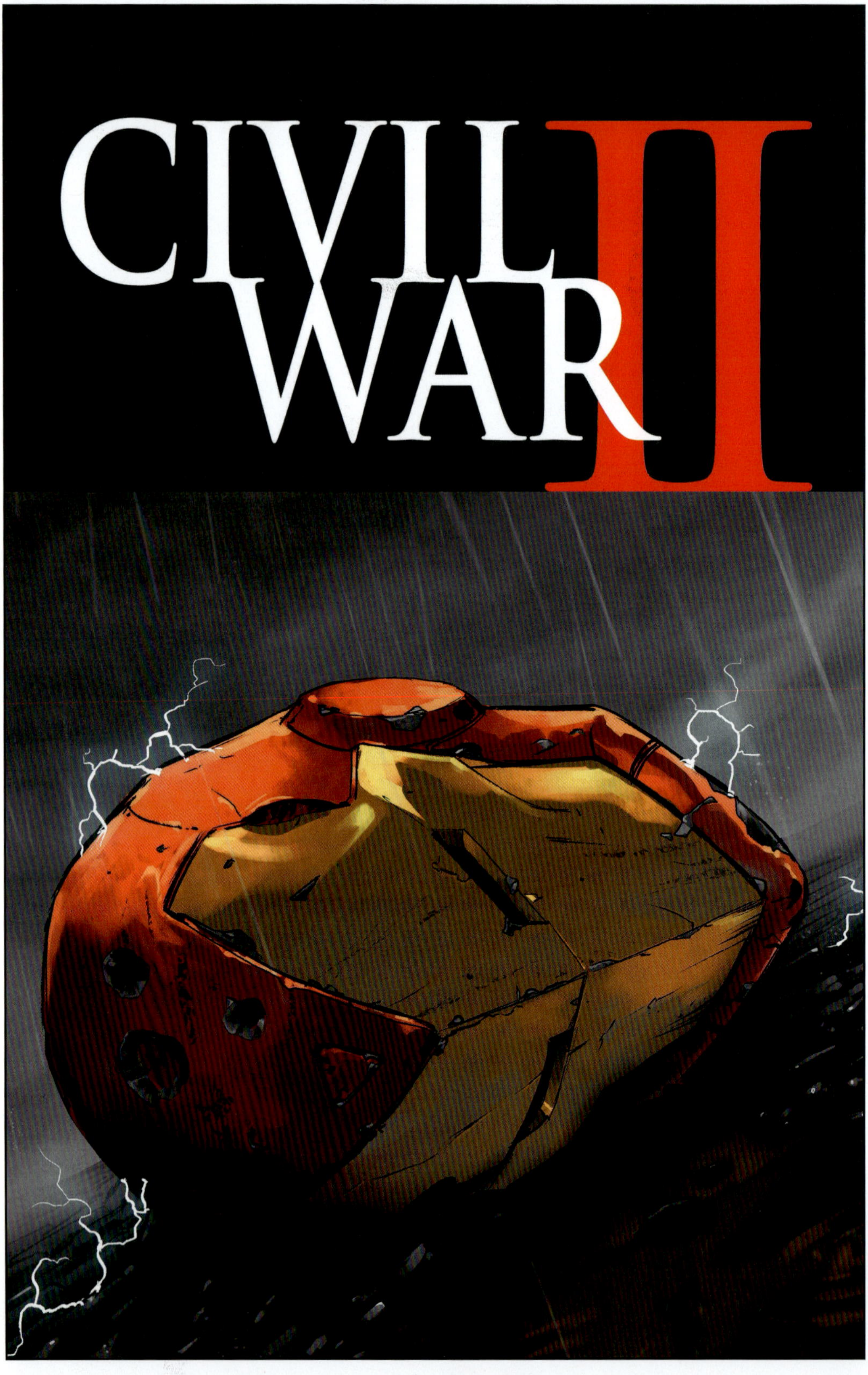

Civil War II (2016) 8
Couverture : **MARKO DJURDJEVIC**

WASHINGTON,
DUPONT CIRCLE.
... ALORS, DITES À VOTRE CHEF QUE VOTER UNE LOI PRO-MUTANTS LUI COÛTERA SA RÉÉLECTION, ET ENSUITE, DITES-LUI QUE...
NE QUITTEZ PAS !
FICHUS BOUCHONS.
JE VOUS RAPPELLE.
CLANG
PE$%IN !!
OH MON DIEU.

HÉLIPORTEUR DU S.H.I.E.L.D.
ACTUELLEMENT SITUÉ AU-DESSUS DE WASHINGTON.
LES ORDRES SONT DE NE PAS BOUGER !
NON !
C'EST UN ORDRE, J'AI DIT !
MAIS...
L'ORDRE DE CAPTAIN MARVEL, ET LE MIEN.
DÉSOLÉE, CAMARADES DES ULTIMATES ET D'ALPHA FLIGHT, JE NE VEUX PAS D'UN COMBAT ENTRE SUPER-HÉROS SUR LES MARCHES DU CAPITOLE.
MAIS...
ELLE PEUT GÉRER ÇA.
ON NE BOUGE PAS.
DR BRASHEAR, EST-CE QU'ON S'INQUIÈTE DE LA POSSIBILITÉ QUE STARK L'IMMOBILISE COMME IL L'A FAIT PENDANT LA BATAILLE DU TRISKÉLION ?
JE M'EN SUIS CHARGÉ. MAIS QUI SAIT CE QU'IL PEUT AVOIR D'AUTRE DANS SA MANCHE...
AGENT 22, CONTACTEZ LES INHUMAINS ET DITES-LEUR QU'ON SE FAIT ENCORE LA GUERRE À CAUSE DE LEUR ULYSSE.
ILS SONT EN LIGNE, À VRAI DIRE.
QUI ?
LES INHUMAINS.
MÉDUSA ? JE SUIS BIEN...
HILL !
EMPÊCHEZ LE COMBAT !

JE NE SAIS PAS SI...
ULYSSE L'A DIT !
LE COMBAT DOIT S'ARRÊTER !
POURQUOI ? QUE VA-T-IL SE PASSER ?
ULYSSE ? PEUX-TU NOUS DIRE EXACTEMENT CE QUI VA...?
ULYSSE ?
POURQUOI NE RÉPOND-IL PAS ?
JE... JE L'IGNORE.
IL FAUT QUE VOUS ARRÊTIEZ ÇA.
VITE.

JE T'AI DIT QUE SI TU T'INTERPOSAIS À NOUVEAU, JE NE RETIENDRAIS PAS MES COUPS !
LAISSEZ-MOI SORTIR, STARK !
PAR PITIÉ !
NE FAITES PAS ÇA !
TU AS AUSSI DIT QUE TU N'ARRÊTERAIS PAS UN ENFANT POUR QUELQUE CHOSE QU'IL N'A PAS FAIT !
STARK ! DANVERS !
ÉCOUTEZ-MOI !
J'ESSAIE DE LUI SAUVER LA VIE !
FABOOM
SHABOOM
AGH !

FRIDAY ?
LES SIGNES VITAUX DE CAPTAIN AMERICA SONT BONS.
BRAVO, TU AS RÉUSSI À NE PAS TUER CAP !
MAUDIT !
TU ES EN ÉTAT D'ARRESTATION ! SI TU TE POSAIS LA QUESTION.
TU AS PERDU LA TÊTE.
ET JE VAIS TIRER CE GOSSE DE TES GRIFFES.
MÊME SI C'EST LA DERNIÈRE CHOSE QUE JE FAIS, CE GOSSE AURA LE DROIT DE... ARRRGH !
WHAM
ARRÊTEZ !

QU'A DIT HILL ?
ELLE A RACCROCHÉ.
ALORS, IL FAUT QU'ON METTE FIN AU COMBAT, TOUT DE SUITE.
ULYSSE, IL FAUT QUE TU VIENNES AVEC NOUS, CETTE FOIS.
NEW ATTILAN.
ON NE PEUT PAS PERDRE UN SEUL INSTANT DE...
ULYSSE ?
ULYSSE ?
TU M'ENTENDS ?
ATTRAPEZ-LE ET ALLONS-Y.
JE NE SUIS MÊME PAS SÛR QU'IL SOIT ENCORE SUR LE MÊME PLAN D'EXISTENCE QUE NOUS.
ILS DOIVENT RECEVOIR LA VISION DIRECTEMENT DE LUI, FAUVE.
OUI, MAIS...
GUEULE D'OR ? TÉLÉPORTE-NOUS LÀ-BAS.

TONY, JE TE PARDONNE !
RENDS-TOI !
BOOM
LAISSE-LE PARTIR !
ARRÊTEZ !
NOUVEL ORDRE : ON Y VA.
ARRÊTEZ LE COMBAT !
BROOKLYN.
LE VOILÀ ! C'EST MILES !
NOVA ! VITE !

DANVERS !
ELLE NE VOUS ENTEND PAS !
JE SUIS PIÉGÉ ICI ! STARK M'A PIÉGÉ ICI !
BOOM
FRIDAY ?
ÉCHEC SYSTÈMES.

EN DIRECT...
... ON NOUS DEMANDE DE DÉGAGER L'ESPACE AÉRIEN...
... ON SENT L'ONDE DE CHOC D'ICI...
NE BOUGE PAS.
IL FAUT QUE JE LEUR PARLE !
ELLE DOIT NOUS ENTENDRE !
MAUVAISE RÉPONSE.

FRIDAY!

ULYSSE ?
EUH, OÙ SOMMES-NOUS ?
QUE NOUS MONTRES-TU ?
ON PEUT RENTRER CHEZ NOUS ?
LES FUTURS...

QUE M'ARRIVE-T-IL ?
PAR PITIÉ... DITES-LE-MOI.
TE VOICI L'UN D'ENTRE NOUS.

TU AS MONTRÉ TOUT CE QUE TU POUVAIS À LA TERRE.
TU FAIS PARTIE D'UN UNIVERS PLUS VASTE, DÉSORMAIS.
IL Y A BIEN PLUS QUE LA TERRE.
SI TU CHOISIS DE NOUS REJOINDRE.

MERCI.
NON.

"TOUT CE TEMPS, SES POUVOIRS ÉVOLUAIENT.
"TU LE SAVAIS."

ET IL EST DEVENU...?
QUELQUE CHOSE QUI NOUS DÉPASSE, DIRAIT-ON.
J'AURAIS VRAIMENT AIMÉ VOIR ÇA.
NON, HENRY. VRAIMENT PAS.
IL SEMBLE QUE VOUS SOYEZ ALLÉS AUX FRONTIÈRES DE L'UNIVERS...
... AUX FRONTIÈRES DE LA RAISON...
TU AS VU UN ÊTRE ÉVOLUER AU-DELÀ DE CE QUE NOUS POUVONS COMPRENDRE.
ET JE N'AI PAS DORMI DEPUIS.
NÉANMOINS, TOUT BIEN CONSIDÉRÉ... C'EST FASCINANT.
IL VA MOURIR ?
EN THÉORIE.
UN JOUR.
HENRY ?
EST-CE QU'IL VA SURVIVRE ?
LA RÉPONSE NE VA PAS TE PLAIRE, MAIS...
... CELA ME GÊNE UN PEU D'ALLER PLUS LOIN DANS MES EXAMENS.
AH ?

TONY... IL... IL S'EST INFLIGÉ QUELQUE CHOSE.
JE N'AI JAMAIS RIEN VU DE TEL.
ET J'ENTENDS PAR LÀ QUE PERSONNE N'A JAMAIS RIEN VU DE TEL.
IL A EXPÉRIMENTÉ SUR LUI-MÊME ?
ÇA FAIT DES ANNÉES, JE PENSE.
J'AURAI DU MAL À LUI JETER LA PIERRE.
VOILÀ... QUOI QUE CE SOIT... LA SEULE CHOSE QUI MAINTIENNE SON CORPS EN VIE.
MAIS IL VA FALLOIR QUE J'EXPLORE ÇA BIEN PLUS ATTENTIVEMENT AVANT DE POUVOIR VOUS PRÉCISER SON ÉTAT.
J'AI MÊME PEUR DE FAIRE UNE PRISE DE SANG.
MAIS BON, AU MOINS, GRÂCE À LUI, TU N'ES PAS "LA FEMME QUI A TUÉ TONY STARK".
C'EST LUI QUI A COMMENCÉ.
JE SAIS.
IL N'AVAIT RIEN CONTRE TOI, TU SAIS.
QUOI ?
IL TE FAISAIT CONFIANCE.
JE SUIS SÉRIEUX.
ARRÊTE.
ALORS, CONTRE QUI S'EST-IL BATTU ? LUI-MÊME ?

TU AS EMPRUNTÉ UN CHEMIN DANGEREUX, CAROL.
ET AU FOND DE LUI... PEUT-ÊTRE TRÈS AU FOND DE LUI, MAIS IL SAVAIT, COMME JE LE SAIS, QU'ON PEUT TE FAIRE CONFIANCE.
PROFILER LES GENS... PROFILER LE FUTUR...
TU AS SAUVÉ DES MILLIONS DE VIES.
MAIS CE QUI L'INQUIÉTAIT, C'EST QUI T'AURAIT SUCCÉDÉ.
IL SAVAIT QUE SI TU NORMALISAIS LE PROFILAGE... CAR IL S'AGISSAIT BIEN DE ÇA...
... QUELQU'UN DE MOINS NOBLE AURAIT FORCÉMENT FINI PAR S'EN SERVIR.
CONTRE, PAR EXEMPLE, LES MUTANTS, OU LES INHUMAINS, QUICONQUE SERAIT JUGÉ "INDIGNE"... OU "DIGNE D'ÊTRE PROFILÉ".
STARK EST UN FUTURISTE.
IL SAVAIT CE QUI AURAIT SUIVI S'IL N'AVAIT RIEN FAIT POUR T'ARRÊTER.
IL A JUSTE ÉTÉ SURPRIS QUE TU RÉSISTES À CE POINT.
OUI, C'EST LUI QUI A COMMENCÉ...
... MAIS C'EST TOI QUI AS FINI.
LA VOILÀ.

C'EST BON DE VOIR L'ANCIENNE CAROL.
CELLE QUE TOUT LE MONDE APPRÉCIAIT.
JE VOULAIS LA VOIR DE MES YEUX.
HAWKEYE !
OÙ ÉTAIS-TU PASSÉ ?
JE ME PRÉPARAIS.
POUR QUOI ?
MAINTENANT QUE ME VOILÀ SOUDAIN LE PLUS POPULAIRE DES AVENGERS...
... À CAUSE DE L'UNIQUE CHOSE QUI ME HANTERA À JAMAIS...
... JE VAIS FAIRE CE QUE TU NE PEUX PEUT-ÊTRE PAS FAIRE.
ÇA VEUT DIRE QUOI, ÇA ?
C'EST CE QUE JE SUIS VENU TE DIRE : QUOI QU'IL ARRIVE ENSUITE...
... RENDS-MOI SERVICE...
AIE CONFIANCE.

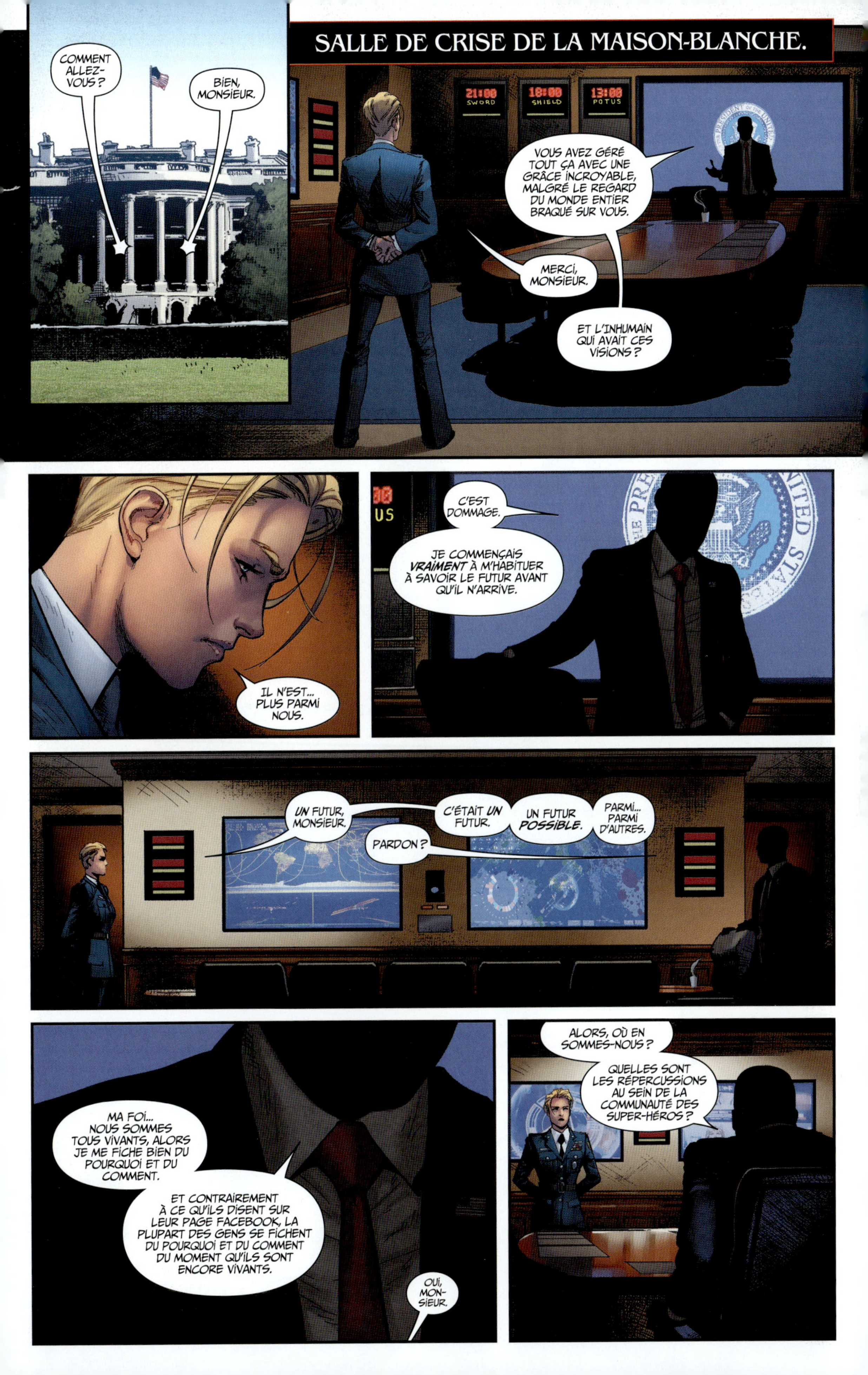
SALLE DE CRISE DE LA MAISON-BLANCHE.
COMMENT ALLEZ-VOUS ?
BIEN, MONSIEUR.
VOUS AVEZ GÉRÉ TOUT ÇA AVEC UNE GRÂCE INCROYABLE, MALGRÉ LE REGARD DU MONDE ENTIER BRAQUÉ SUR VOUS.
MERCI, MONSIEUR.
ET L'INHUMAIN QUI AVAIT CES VISIONS ?
21:00 SWORD
18:00 SHIELD
13:00 POTUS
IL N'EST... PLUS PARMI NOUS.
C'EST DOMMAGE.
JE COMMENÇAIS *VRAIMENT* À M'HABITUER À SAVOIR LE FUTUR AVANT QU'IL N'ARRIVE.
UN FUTUR, MONSIEUR.
PARDON ?
C'ÉTAIT *UN* FUTUR.
UN FUTUR *POSSIBLE*.
PARMI... PARMI D'AUTRES.
MA FOI... NOUS SOMMES TOUS VIVANTS, ALORS JE ME FICHE BIEN DU POURQUOI ET DU COMMENT.
ET CONTRAIREMENT À CE QU'ILS DISENT SUR LEUR PAGE FACEBOOK, LA PLUPART DES GENS SE FICHENT DU POURQUOI ET DU COMMENT DU MOMENT QU'ILS SONT ENCORE VIVANTS.
OUI, MON-SIEUR.
ALORS, OÙ EN SOMMES-NOUS ?
QUELLES SONT LES RÉPERCUSSIONS AU SEIN DE LA COMMUNAUTÉ DES SUPER-HÉROS ?

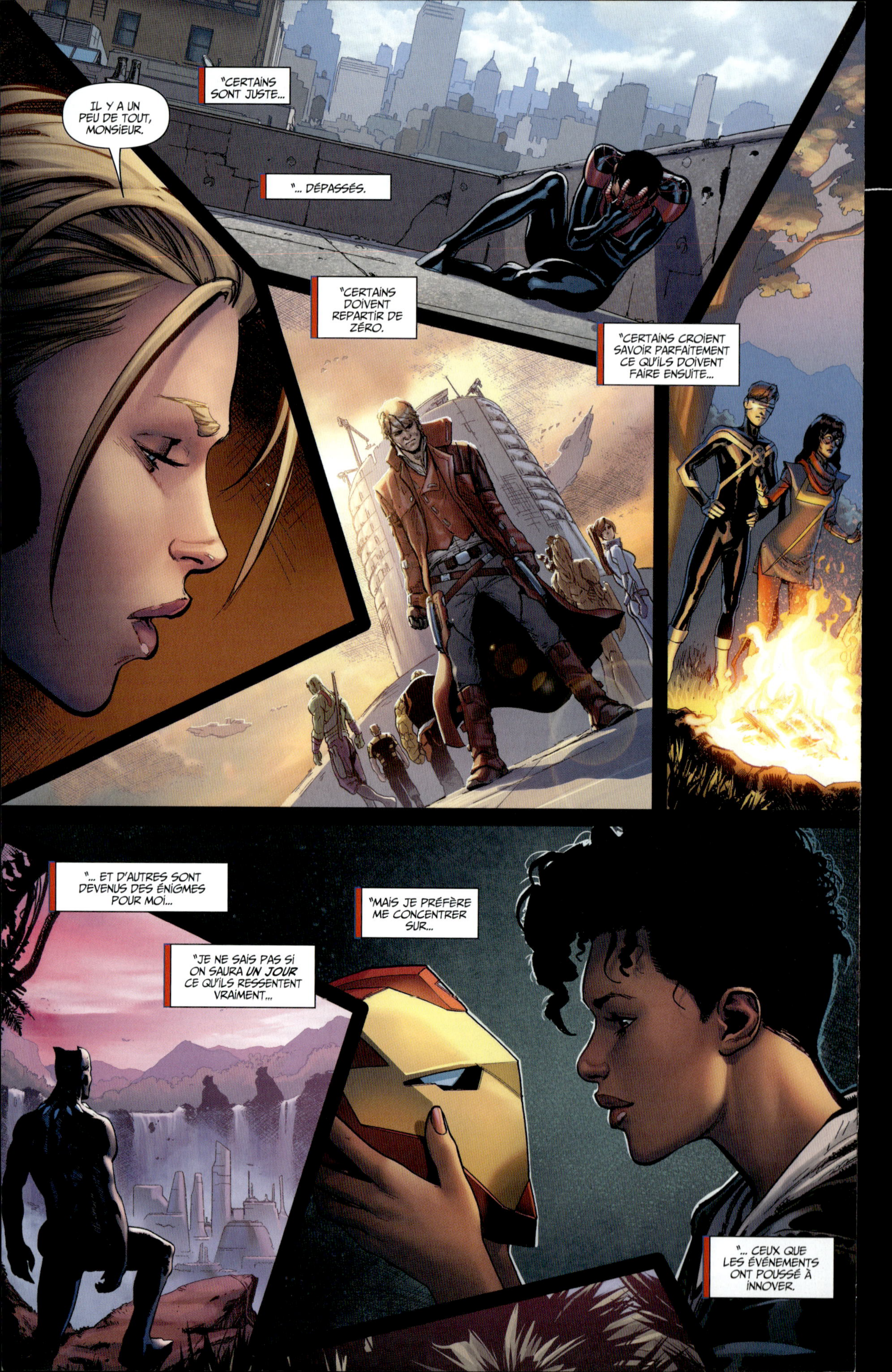
"CERTAINS SONT JUSTE...
IL Y A UN PEU DE TOUT, MONSIEUR.
"... DÉPASSÉS.
"CERTAINS DOIVENT REPARTIR DE ZÉRO.
"CERTAINS CROIENT SAVOIR PARFAITEMENT CE QU'ILS DOIVENT FAIRE ENSUITE...
"... ET D'AUTRES SONT DEVENUS DES ÉNIGMES POUR MOI...
"JE NE SAIS PAS SI ON SAURA *UN JOUR* CE QU'ILS RESSENTENT VRAIMENT...
"MAIS JE PRÉFÈRE ME CONCENTRER SUR...
"... CEUX QUE LES ÉVÉNEMENTS ONT POUSSÉ À INNOVER.

"... ET D'AUTRES...
"... POUR D'AUTRES, C'EST LE CONTRAIRE.
"CERTAINS SONT PERDUS APRÈS TOUT CE QU'IL S'EST PASSÉ.
"ILS DOUTENT D'EUX-MÊMES.
"CERTAINES BLESSURES NE GUÉRIRONT JAMAIS...
"JE VAIS ME CONCENTRER SUR LES BONNES CHOSES QUI ONT PU NAÎTRE DE TOUT ÇA."
COMME NOUS TOUS...
... MAIS DANS TOUS LES CAS, AU VAINQUEUR LA COURONNE.
QUE VOULEZ-VOUS, DANVERS ?
L'HÉRITAG
STAR

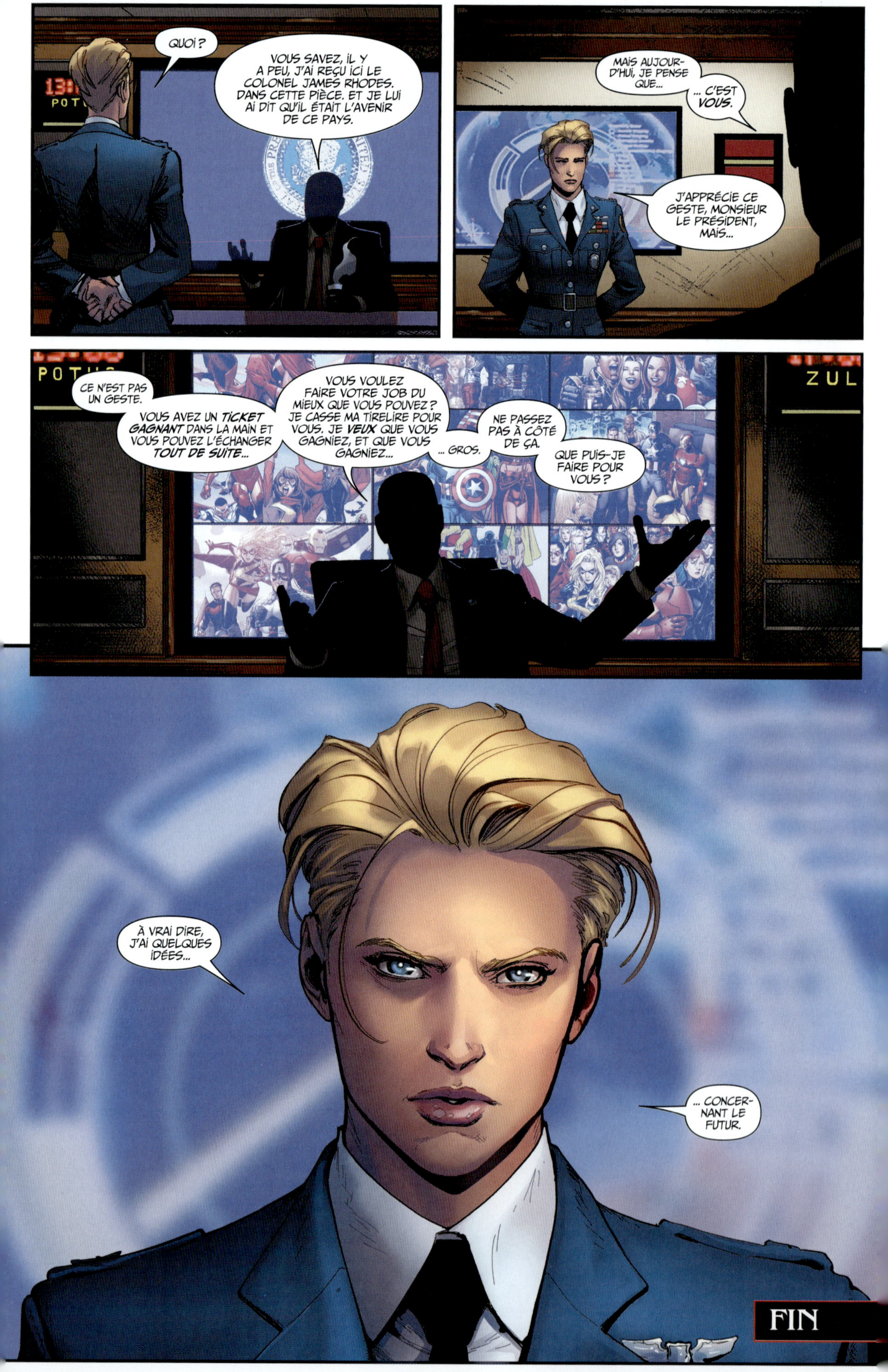
13:
POT
QUOI ?
VOUS SAVEZ, IL Y A PEU, J'AI REÇU ICI LE COLONEL JAMES RHODES. DANS CETTE PIÈCE. ET JE LUI AI DIT QU'IL ÉTAIT L'AVENIR DE CE PAYS.
MAIS AUJOURD'HUI, JE PENSE QUE...
... C'EST VOUS.
J'APPRÉCIE CE GESTE, MONSIEUR LE PRÉSIDENT, MAIS...
POTUS
ZUL
CE N'EST PAS UN GESTE.
VOUS AVEZ UN TICKET GAGNANT DANS LA MAIN ET VOUS POUVEZ L'ÉCHANGER TOUT DE SUITE...
VOUS VOULEZ FAIRE VOTRE JOB DU MIEUX QUE VOUS POUVEZ ? JE CASSE MA TIRELIRE POUR VOUS. JE VEUX QUE VOUS GAGNIEZ, ET QUE VOUS GAGNIEZ...
... GROS.
NE PASSEZ PAS À CÔTÉ DE ÇA.
QUE PUIS-JE FAIRE POUR VOUS ?
À VRAI DIRE, J'AI QUELQUES IDÉES...
... CONCERNANT LE FUTUR.
FIN

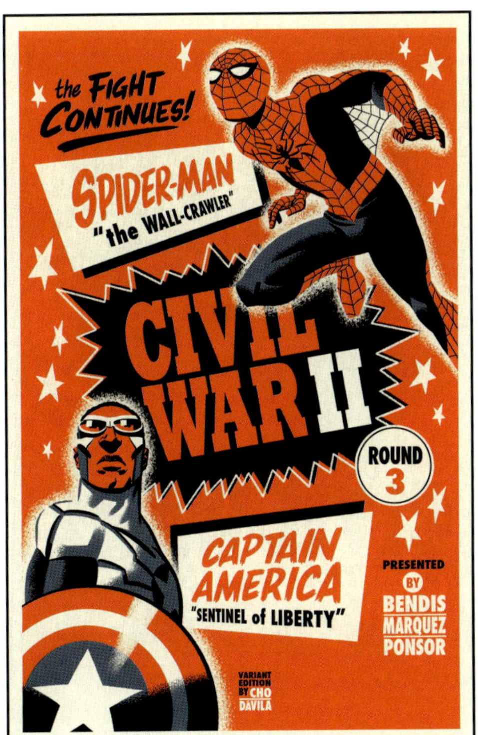

Civil War II (2016) 1 à 4
Couvertures variantes : **MICHAEL CHO**

Civil War II (2016) 5 à 8
Couvertures variantes : **MICHAEL CHO**

LES AUTEURS

Évoluant d'abord dans l'univers des comics policiers, le scénariste américain **Brian Michael Bendis** s'attaque aux héros mainstream et devient un artiste incontournable du genre. Remarqué pour son travail sur *Jinx*, il est invité par Todd McFarlane, cocréateur d'Image, à écrire les séries spin-off de *Spawn*, *Sam and Twitch* et *Hellspawn*. En 2000, il lance la série super-héroïque et policière *Powers* avec Michael Avon Oeming, qui remporte de nombreux prix. À la même époque, Joe Quesada inaugure le label Marvel Knights et recommande Bendis à Bill Jemas pour le premier titre de la ligne Ultimate, *Ultimate Spider-Man* avec Mark Bagley. C'est le début d'un run record pour le duo qui totalise cent onze épisodes successifs. Bendis intervient également sur presque tous les titres de la ligne Ultimate et cocrée notamment Miles Morales avec Sara Pichelli. Parallèlement, il reprend *Daredevil* et lance le label adulte MAX avec la série *Alias*, consacrée à la détective Jessica Jones, reconvertie en journaliste dans *The Pulse*. En 2004, Bendis dissout les Avengers dans *Avengers Disassembled* et reconstitue une équipe inédite dans *New Avengers*. Il coorchestre la plupart des événements majeurs de l'univers Marvel de la décennie, dont la mini-série *Secret War* et les sagas *House of M*, *Civil War*, sa suite *Secret Invasion*, *Dark Reign*, *Siege*, *Heroic Age* ainsi que le retour des premiers X-Men dans *All-New X-Men*. En 2017, il signe un contrat d'exclusivité avec DC Comics pour qui il relance *Superman*.

Après avoir obtenu son diplôme à l'université du Texas, l'artiste américain **David Marquez** est sélectionné pour participer à l'animation du nouveau projet de Richard Linklater, *A Scanner Darkly*, une adaptation du roman du même nom de Philip K. Dick. Passionné de comics depuis son plus jeune âge, il cherche du travail au Comic Con de San Diego. En 2010, il travaille sur les romans graphiques *Syndrome* et *Days Missing Vol. 2: Kestus*. En 2011, il signe son premier travail pour Marvel avec un épisode de *Secret Warriors* puis *Fantastic Four: Season One*, une relecture des origines des QF, avant de collaborer sur *Ultimate Comics Spider-Man*. C'est le début d'un long partenariat avec le scénariste Brian Michael Bendis, notamment sur *All New X-Men*, *Cataclysm: Ultimate Spider-Man*, *Miles Morales: Ultimate Spider-Man*, *Invincible Iron-Man* ainsi que *Civil War II* en 2016 et *Defenders* l'année suivante. En 2018, après un passage sur *X-Men: Gold* pour l'arc *'Til Death Do Us Part* qui relate le mariage de Colossus et Kitty Pryde, Marquez reprend le dessin de la série *Avengers* de Jason Aaron. Il a par ailleurs signé de très nombreuses couvertures de la série *Star Wars*. En 2020, il retrouve Bendis sur un épisode de *Detective Comics*.

CIVIL WAR II

BONUS

- LES COULISSES
- CHRONOLOGIE
- LECTURES ANNEXES
- NOTES
- MARVEL MUST-HAVE

En 2006, **Mark Millar** et **Steve McNiven** réalisent l'impensable : ils divisent l'univers Marvel en deux et limitent les libertés des super-héros alors que la sécurité de la population est menacée. C'est ainsi que naît *Civil War*, l'une des épopées Marvel les plus populaires jamais publiées.

Dix ans plus tard, **Brian Michael Bendis** et **David Marquez** unissent leurs talents et imaginent une aventure qui scinde de nouveau les plus grands champions Marvel...

La peur de l'avenir

Le pouvoir du jeune **Inhumain Ulysse** est au cœur du conflit. Dessin : **David Marquez**.

Civil War II voit le jour à la suite d'une discussion informelle entre le rédacteur en chef de Marvel et le scénariste **Brian Michael Bendis**. « On parlait de ce qui se passait dans le monde et de la façon dont ça impactait notre travail, raconte Bendis. On évoquait la responsabilité de chacun, le fichage et le fait que les gens ont du mal à comprendre que ce qu'ils font sur Internet a des conséquences. Tout ça me fascine.

« On a aussi abordé le rôle de la police dans le pays, et on se demandait comment ces phénomènes pouvaient être transposés dans le monde super-héroïque. Un jour, le rédacteur en chef m'a appelé et il m'a dit : "Écoute, on a envie d'approfondir ce thème. On pense qu'il y a matière à écrire. L'éditeur a dit que le titre s'intitulerait *Civil War II* parce que c'était ce à quoi tout le monde penserait. Alors autant appeler l'histoire comme ça." Même si cela semble la continuité du premier crossover, ce n'est pas vraiment une suite en soi. En tout cas, j'étais enthousiaste. »

L'étape suivante consistait à présenter le projet à d'autres scénaristes et responsables éditoriaux : « Marvel organise régulièrement des réunions à New York, dans une grande salle, avec tous les scénaristes qui travaillent sur les séries franchisées et les responsables éditoriaux. C'est la "Table Ronde de l'Algonquin" la plus geek qui puisse exister. On parle de ce qu'on va faire, de ce qu'on a fait, de ce qu'on devrait faire et qu'on ne fait pas. À la réunion en question, moi, je voulais montrer à quoi pouvait ressembler *Civil War II*. J'ai lancé : "Voilà le dilemme moral et rien n'est gravé dans le marbre. On aimerait que vous, les scénaristes, vous nous disiez dans quel camp iraient vos personnages. Celui de **Tony** ou de **Carol**." Et [le vote] a fait apparaître deux groupes parfaitement égaux. À ce moment-là, on s'est dit : on tient le bon bout !

« Si tous les scénaristes avaient choisi tous le même camp et que Carol s'était retrouvée seule dans l'autre, ou inversement, l'idée n'aurait pas fonctionné. Là, les choses se sont mises en place de manière très

▶ On découvre le dessinateur américain **David Marquez** grâce à son travail sur le film d'animation *A Scanner Darkly*. Puis Marvel lui confie *Secret Warriors* 24 et le roman graphique *Fantastic Four: Season One*. On le voit plus tard aux côtés de Brian Michael Bendis sur *Ultimate Comics: Spider-Man*, *Invincible Iron Man* et *All-New X-Men*. Il illustre aussi sa propre création, *The Joyners in 3D*, en collaboration avec le scénariste **R. J. Ryan**.

La mort de **James Rhodes** est l'événement qui va déclencher la guerre entre **Captain Marvel** et **Iron Man**. Dessin : **David Marquez**.

naturelle. Ensuite, on a confronté les personnages aux défis qui en découlaient. »

L'absence de morale claire dans ce conflit a aussi beaucoup plu à Bendis, qui déclare : « Je comprends ce qu'il y a de positif dans le fait que les héros puissent empêcher un super-criminel déjanté de commettre un crime horrible. Carol a déjà eu recours aux pouvoirs d'**Ulysse** pour arrêter **Thanos**. Et peut-être que **Spider-Man** aurait pu sauver son oncle **Ben**. Oui, tous les héros ont été confrontés à ce dilemme. Leur origine est souvent liée à des événements comme [la mort d'oncle Ben]. Quand on fait le parallèle avec la réalité, on peut dire que l'**Inhumain** Ulysse catalogue les gens. En fait, on accuse des personnes de quelque chose avant qu'elles ne soient passer à l'action, ce que certains héros ne supportent pas. »

La mort de **War Machine** est le drame déclencheur. « Le seul obstacle que j'ai rencontré, affirme Bendis, résidait dans le fait que [**Captain Marvel** et **Iron Man**] sont tous les deux des êtres intelligents et bienveillants et qu'ils ont vécu la première guerre civile. Alors, qu'est-ce qui pourrait les pousser à en venir de nouveau aux armes ? Ce sont les autres scénaristes qui m'ont guidé. Rhodey était le meilleur ami de Tony et il avait aussi eu une relation amoureuse avec Carol. J'en ai déduit que [sa mort] leur donnait une bonne raison de se battre. »

Tony Stark fait **Ulysse** prisonnier. Dessin : **David Marquez**.

Le postulat de *Civil War II* repose sur une vision de la narration que Bendis a toujours gardée à l'esprit dans son travail. À ce sujet, il affirme : « Très tôt, dès le début de la série *Ultimate Spider-Man*, j'ai commencé à me dire que personne n'était le méchant de son histoire. Le **Caïd** se considère comme un héros. **Norman Osborn** [le **Bouffon Vert**] se considère comme un héros. Le fait est que tout le monde pense avoir raison. Je dis toujours qu'il n'y a pas de "grand méchant fou". Tout le monde se prend pour un héros et est convaincu d'avoir raison. Et le travail consiste à accompagner l'histoire. Il ne s'agit pas d'exprimer un avis plutôt qu'un autre, mais de présenter les deux opinions avec la même neutralité pour que les lecteurs puissent se faire leur propre idée. Le plus difficile, c'est de maintenir l'équilibre. Mais ça ne l'est plus réellement quand je considère de manière impartiale le point de vue de Carol et celui de Tony, et c'est vraiment ce que je fais. »

CHRONOLOGIE

***Tales of Suspense* 39**
(1963)
STAN LEE
LARRY LIEBER
DON HECK
Iron Man apparaît pour la première fois lorsque Tony Stark est fait prisonnier en Asie du Sud-Est.

***Fantastic Four* 45**
(1965)
STAN LEE
JACK KIRBY
Les Quatre Fantastiques partent dans l'Himalaya où ils découvrent le royaume caché des Inhumains.

CIVIL WAR II

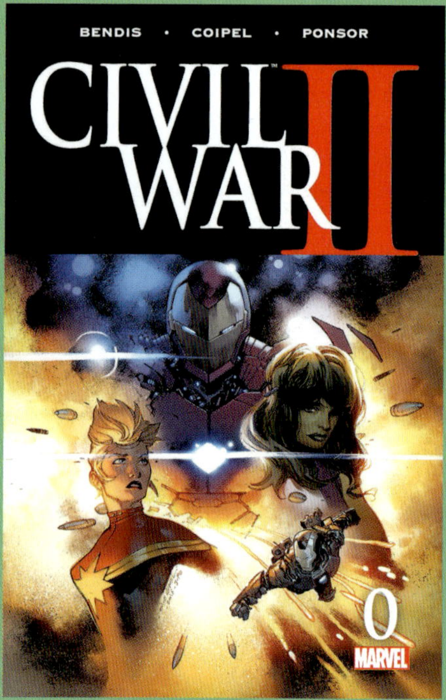

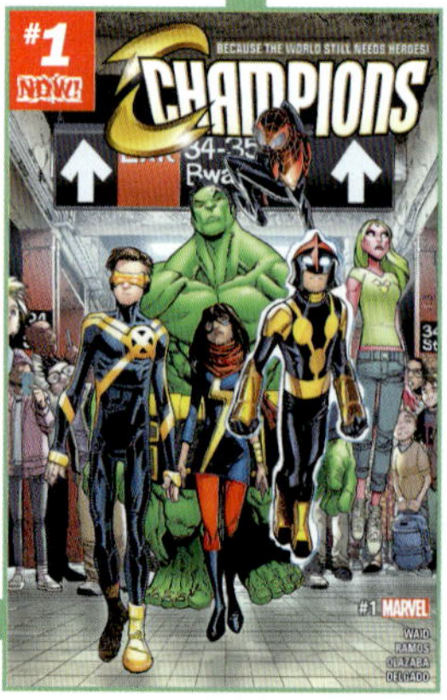

***Champions* 1**
(2016)
MARK WAID
HUMBERTO RAMOS
Furieux contre les Avengers de l'ancienne génération, Miss Marvel, Nova et Spider-Man quittent le groupe et forment leur propre équipe.

***Hulk* 1**
(2016)
MARIKO TAMIKI
NICO LEON
Jennifer Walters sort du coma et tente de reprendre le cours de sa vie après la mort de son cousin.

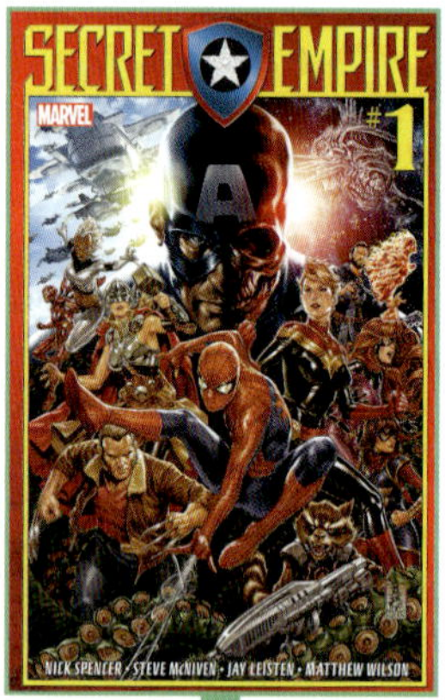

***Secret Empire* 1**
(2017)
NICK SPENCER
STEVE McNIVEN
Captain America, métamorphosé, aide l'Hydra à prendre le contrôle des États-Unis.

***Marvel Super-Heroes* 13 (1968)**
ROY THOMAS
GENE COLAN
On fait la connaissance de Carol Danvers alors qu'elle enquête sur le mystérieux Captain Marvel.

***Ms. Marvel* 1 (1977)**
GERRY CONWAY
JOHN BUSCEMA
Carol Danvers hérite de super-pouvoirs et devient l'héroïne Miss Marvel.

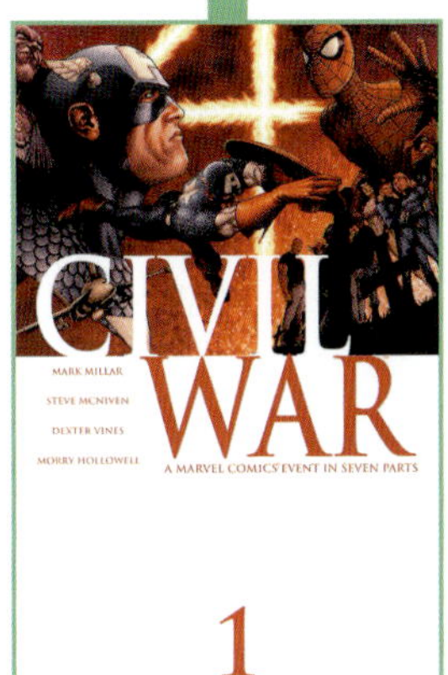

***Civil War* 1 (2006)**
MARK MILLAR
STEVE McNIVEN
La Loi de Recensement des Surhumains est votée aux États-Unis et divise la communauté super-héroïque.

***Captain Marvel* 1 (2012)**
KELLY SUE DeCONNICK
DEXTER SOY
Carol Danvers endosse le costume de Captain Marvel en hommage à son défunt ami.

***Inhumans Vs X-Men* 1 (2016)**
CHARLES SOULE
JEFF LEMIRE
LEINIL FRANCIS YU
Les Inhumains répandent les brumes tératogènes sur toute la planète, provoquant la transformation de nombreux habitants en Inhumains.

Les héros de la Maison des Idées sont par nature fiers, obstinés, attachés à leurs convictions et dotés d'un fort esprit de compétition. Depuis la naissance de Marvel Comics dans les années 60, de nombreuses rivalités se sont développées : entre la Chose et Hulk ou entre Spider-Man et la Torche, par exemple. Mais c'est la première saga *Civil War* qui a véritablement scindé la communauté héroïque en deux. Depuis, plus rien n'a jamais été pareil. *Civil War II* met en scène un conflit d'un autre genre, mais tout aussi pertinent et dramatique.

Ondes de choc

Les événements dramatiques de la deuxième guerre civile bouleversent de nombreuses personnalités de l'univers Marvel. Les plus jeunes **Avengers**, **Nova**, **Miss Marvel** et **Spider-Man**, n'ont plus confiance en leurs aînés et décident de quitter l'équipe. Ils forment leur propre groupe et d'autres héros les rejoignent, dont l'adolescent **Cyclope** qui voyage dans le temps, **Amadeus Cho** qui a maintenant l'apparence de **Hulk**, et la fille de la **Vision**, **Viv**. La série *Champions* (2016) de **Mark Waid** et **Humberto Ramos** relate leurs aventures. Les **Champions** inspirent la jeunesse du monde entier, tout en devenant la cible d'entreprises corrompues. Ils recrutent aussi **Ironheart** et la nouvelle **Guêpe**.

La formation des Champions réunit un large éventail de héros adolescents. Dessin : **Steven Cummings**.

Personne n'a oublié la vision d'**Ulysse** qui montre Spider-Man au-dessus du corps de **Captain America** à Washington, une image qui va prendre tout son sens peu de temps après. Juste avant *Civil War II*, **Crâne Rouge** pervertit l'esprit de Captain America. Le criminel nazi utilise le tout-puissant Cube Cosmique pour transformer l'histoire personnelle du héros. Cap croit désormais qu'il a toujours été un agent dormant de l'**Hydra**, attendant le bon moment pour intervenir afin d'aider l'organisation terroriste à s'emparer du pouvoir aux États-Unis. Dans la mini-série *Secret Empire* (2017) en onze épisodes, écrite par **Nick Spencer** et illustrée en grande partie par **Daniel Acuña** et **Andrea Sorrentino**, l'Hydra prend le contrôle du pays et oblige les héros à entrer dans la clandestinité. Convaincu que son destin est de tuer le Captain America corrompu, **Miles Morales** se rend à Washington. Mais il s'est fourvoyé. L'esprit intègre de **Steve Rogers** parvient à reprendre le dessus et se manifeste dans un autre corps à Washington. Les deux Captain America s'affrontent et le vrai l'emporte finalement sur l'imposteur.

▶ Après la mort de **Bruce Banner**, la cousine du Colosse de Jade, **Jennifer Walters** (alias **Miss Hulk**), sort du coma au bout de plusieurs mois. Elle souffre d'un stress émotionnel intense à la suite d'un combat désastreux contre **Thanos**. Elle se détourne de ses amis, dont **Hellcat** qui lui propose pourtant son aide. *Hulk* (2016) de **Mariko Tamiki** et **Nico Leon** n'est pas une série comme les autres. Elle dépeint l'angoisse de Jennifer et sa peur grandissante de son alter ego doté du pouvoir gamma. C'est un sombre thriller psychologique teinté d'horreur.

Captain Marvel

Carol Danvers est la fille de **Joe Danvers Sr**, ancien officier de l'US Navy, et de **Mari-Ell**, capitaine dans l'armée kree. Mari-Ell avait été envoyée sur Terre avec pour mission de se fondre parmi les humains et de donner naissance à un enfant hybride. Elle décide finalement de renoncer à son ancienne vie. Le nom de Carol vient de Car-Ell, qui signifie "championne" en kree. La jeune Carol ignore qu'elle n'est pas une humaine normale. Elle rêve d'être astronaute. Son père, craignant que les **Krees** ne la retrouvent un jour, tente de l'en dissuader. À l'âge de dix-huit ans, elle s'engage dans l'armée de l'air pour devenir pilote et obtenir un diplôme universitaire dans le cadre du service militaire.

Le colonel **Michael Rossi** recrute Danvers pour les opérations spéciales de l'armée de l'air. Il s'agit du premier grand amour de la jeune femme. Elle collabore avec **Nick Fury**, **Ben Grimm** et **Logan** sur plusieurs missions secrètes et se retrouve face à **Dents de Sabre** et **Black Widow**. Elle devient plus tard la chef de la sécurité à Cap Canaveral où travaille le Dr **Walter Lawson**. Elle se méfie de lui, à juste titre, puisqu'il s'agit en fait d'un agent secret kree surnommé **Captain Mar-Vell**. L'ennemi de ce dernier, l'agent kree **Yon-Rogg**, kidnappe Danvers et l'emmène dans une grotte, une base kree abritant un psycho-magnitron, une machine capable de mettre en œuvre toutes les technologies imaginées par les Krees. Un combat s'ensuit et Danvers est projetée contre l'engin qui explose. Elle est alors exposée aux rayons qu'il émet, qui modifient sa structure génétique et activent ses pouvoirs krees latents. Des semaines plus tard, elle retourne dans la grotte où se trouvait le psycho-magnitron et récupère un costume ressemblant à celui de Mar-Vell. Dès lors, elle se fait appeler **Miss Marvel**.

Devenue une héroïne populaire, Miss Marvel rejoint les **Avengers**. Quand Mar-Vell décède des suites d'un cancer, elle prend le nom de Captain Marvel en son honneur.

Captain Marvel est l'une des héroïnes les plus respectées au monde. Dessin : **David Lopez**.

Carol Danvers a d'abord officié sous le nom de code de **Miss Marvel**. Dessin : **John Buscema**.

MARVEL MUST-HAVE

DÉJÀ DISPONIBLES

CIVIL WAR
AVENGERS : LA SÉPARATION
SPIDER-MAN : SPIDER-VERSE
WOLVERINE : OLD MAN LOGAN
DEADPOOL : DEADPOOL MASSACRE MARVEL
THANOS : L'ASCENSION DE THANOS
DAREDEVIL : L'HOMME SANS PEUR
ULTIMATE SPIDER-MAN : QUI EST MILES MORALES?
MISS MARVEL : MÉTAMORPHOSE
WOLVERINE : LA MORT DE WOLVERINE
LE GANT DE L'INFINI
HULK : PLANÈTE HULK
X-MEN : LA SAGA DU PHÉNIX NOIR
VENOM : LA NAISSANCE DU MAL
IRON MAN : EXTREMIS
FANTASTIC FOUR : MARVEL KNIGHTS 4
PUNISHER : BIENVENUE, FRANK !
SPIDER-MAN : LE DERNIER COMBAT
BLACK PANTHER : QUI EST LA PANTHÈRE NOIRE?
X-MEN : GENÈSE MUTANTE 2.0
FANTASTIC FOUR : UNE SOLUTION POUR TOUT
SPIDER-MAN : VOCATION
CAPTAIN AMERICA : LE SOLDAT DE L'HIVER
ASTONISHING X-MEN : SURDOUÉS
SPIDER-MAN : LA DERNIÈRE CHASSE DE KRAVEN
HOUSE OF M
DEADPOOL : IL FAUT SOIGNER LE SOLDAT WILSON
NEW AVENGERS : ÉVASION
ULTIMATE SPIDER-MAN : POUVOIRS ET RESPONSABILITÉS
CAPTAIN AMERICA : LE RÊVE EST MORT
ANNIHILATION
MARVELS
DAREDEVIL : RENAISSANCE
LES GARDIENS DE LA GALAXIE : COSMIC AVENGERS
AVENGERS : RÉUNION
WOLVERINE : ENNEMI D'ÉTAT
SIÈGE
SPIDER-MAN/BLACK CAT : L'ENFER DE LA VIOLENCE
DAREDEVIL : SOUS L'AILE DU DIABLE
THOR : RENAISSANCE
SECRET INVASION
UNCANNY AVENGERS : L'OMBRE ROUGE
WOLVERINE : L'ARME X
MARVEL ZOMBIES : LA FAMINE
DOCTOR STRANGE : LE SERMENT
SILVER SURFER : REQUIEM
NEW X-MEN : E COMME EXTINCTION
FEAR ITSELF
THOR : RÉSURRECTION
WORLD WAR HULK
SPIDER-MAN : TOURMENTS
WOLVERINE
NEW AVENGERS : ILLUMINATI
SECRET WAR
THANOS : LE RETOUR DE THANOS
GHOST RIDER : ENFER ET DAMNATION
AVENGERS : ULTRON UNLIMITED
DEADPOOL : LE BON, LA BRUTE ET LE TRUAND
SPIDER-MAN : UNE CHANCE D'ÊTRE EN VIE
AVENGERS FOREVER
X-MEN : SCHISM
NAMOR : VOYAGE AU FOND DES MERS
AGE OF ULTRON
SECRET WARS
HULK : GRIS
NEW MUTANTS : LA SAGA DE L'OURS DÉMON
MAGNÉTO : LE TESTAMENT
SILVER SURFER : PARABOLE
IRON MAN : LES CINQ CAUCHEMARS
CAPTAIN AMERICA : LE NEW DEAL
THOR : LE MASSACREUR DE DIEUX
LES GUERRES SECRÈTES
LES GARDIENS DE LA GALAXIE : HÉRITAGE
HULK : FUTUR IMPARFAIT
SPIDER-MAN NOIR : LES ILLUSIONS PERDUES
DEADPOOL : SUICIDE KINGS
DAREDEVIL & ÉCHO : TRANCHES DE VIDE
DOCTOR STRANGE : LE DÉBUT ET LA FIN
DAREDEVIL : FATHER
SPIDER-MAN : FAMILY BUSINESS
AVENGERS : ZONE ROUGE
X-MEN : FUTUR ANTÉRIEUR
SPIDER-MAN : BLEU
PUNISHER : CERCLE DE SANG
THANOS : THANOS GAGNE
VENOM : AGENT VENOM
X-FORCE : SEXE + VIOLENCE
MARVEL 1602

EN VENTE MAINTENANT

MYTHOS
CIVIL WAR II

À PARAÎTRE

PUNISHER : ZONE DE GUERRE
LA MORT DE CAPTAIN MARVEL